名人家风丛书

三听家训振家风

——陆九渊与陆氏家风

U0838307

本书系2016年度国家社会科学基金重大项目“中国传统文化教育资源的开发利用研究”（项目批准号：16ZDA230）阶段性成果。

名人家风丛书

徐梓 主编

三听家训振家风

——陆九渊与陆氏家风

周丹 著

中原出版传媒集团
中原传媒股份公司

大象出版社
·郑州·

图书在版编目(CIP)数据

三听家训振家风：陆九渊与陆氏家风 / 周丹著. —
郑州：大象出版社，2022. 2
（名人家风丛书 / 徐梓主编）
ISBN 978-7-5711-0847-2

Ⅰ. ①三… Ⅱ. ①周… Ⅲ. ①家庭道德-中国②陆九渊（1139-1193）-家族-史料 Ⅳ. ①B823. 1②K825. 1

中国版本图书馆 CIP 数据核字(2020)第 238438 号

名人家风丛书
徐 梓 主编
SANTING JIAXUN ZHEN JIAFENG
三听家训振家风
——陆九渊与陆氏家风
周 丹 著

出 版 人 汪林中
总 策 划 郑强胜
责任编辑 耿新超 张绍纳
责任校对 安德华
书籍设计 王 敏

出版发行 大象出版社(郑州市郑东新区祥盛街 27 号 邮政编码 450016)
发行科 0371-63863551 总编室 0371-65597936
网 址 www. daxiang. cn
印 刷 河南瑞之光印刷股份有限公司
经 销 各地新华书店经销
开 本 890 mm×1240 mm 1/32
印 张 7
字 数 148 千字
版 次 2022 年 2 月第 1 版 2022 年 2 月第 1 次印刷
定 价 24. 00 元
若发现印、装质量问题，影响阅读，请与承印厂联系调换。
印厂地址 武陟县产业集聚区东区(詹店镇)泰安路与昌平路交叉口
邮政编码 454950 电话 0371-63956290

总　序

一个人有一个人的气质，一个国家有一个国家的性格。一个家庭在长期的延续过程中，也会形成自己独特的风气。这样一种看不见的风尚习惯、摸不着的精神风貌，以一种隐性的形态存在于特定家庭的日常生活之中，家庭成员的一举手、一投足，无不体现出这样一种习性。这就是家风。

“家风”一词，最早见于西晋著名文学家潘岳的诗中。与潘岳有“双璧”之称的夏侯湛，自恃文才超群，将《诗经》中有目无文的六篇“笙诗”补缀成篇。潘岳为与友人唱和，写作了《家风诗》。在这首诗中，作者通过歌颂祖德、称美自己的家族传统以自勉。

“家风”又称“门风”，这个词语在西晋出现并在随后流行，显然和“士族”“世族”“势族”“大族”“世家大族”成为社会上的统治力量有关。无论是以宗族为根基、以武力为特质的地方豪族，还是以官宦为标志、以文化为表征的名家大姓，他们政治上累世贵显，经济上广占土地，文化上世传家学，垄断了全社会的主要资源。除通过九品中正制和婚姻关系来维护门阀制度之外，他们还自矜门户、标树家风，用以抵御皇权和寒人的侵渔。正因为如此，两晋以后，这个词语渐次流行。从发轫之初，“家风”就往往和“门风”互用。我们可以将它理解为家庭的风气，将它看作一个家庭的传统、一个家庭的文化。

传统作为人类代代相传的行事方式，是从过去延传到现在的事物。没有经过较长时间的过滤和沉淀，就形成不了传统。在《论传统》的作者希尔斯看来，至少要持续三代人，才能成为传统。尽管世代本身的长短不一，但无论是信仰还是行动范式要成为传统，至少需要三代人的两次延传。家风作为特定家庭的传统，是该家庭长时期历史汰选、传统沉淀的结果，是一辈又一辈先人生活的结晶。在历史文献中，“家风”或与“世德”共举，或与“世业”并称，足见家风有别于时尚，而与“世”即很多年代、好几辈子紧密关联。在时间上持续的短暂性是时尚的特征，而家风则是历经延传并持久存在，或者在子孙后代身上一再出现的东西。正是在这个意义上，历史文献中提及“家风”一词，往往蕴含对传统的继承。如比比皆是的“不坠家风”“世守家风”“克绍家风”“世其家风”及“家风克嗣”等，无不体现了这一特点。

有一种观点认为，家风必须是健康的、积极向上的，否则，不能称之为家风。实际上，这只是说者的一种期许、一种渴盼，家风本身并不蕴含这样的意味。否则，“良好家风”就是毫无意义的同义反复。正如“文化”是使民族之间表现出差异性的东西，时时表现着一个民族的自我和特色一样，家风作为家庭的文化和传统，表现的也是一个家庭的气质和风习，反映出一个家庭与其他家庭的不同之处。它完全是一个中性的概念，并不必然具有正面的意义。有的家风可能是勤奋俭朴、为人忠厚、待人有礼，也有的家风可能是狡诈刻薄、游荡为非、跋扈凶横。如同一所学校、一个班级的风习我们称之为校风、班风，而校风有好坏之分，班风有高下之别，并不总是值得弘扬一样，家风同样也有不良的，并不都是传家宝。正因为如此，对家风或门风则就既有称誉，也有贬损。即便是在传统社会，被视为传家久、继世长的，也只有耕读、忠厚、清廉这样一些美好的品质。

的确，家风的特征在前现代、在乡村社会、在大家庭中表现得十分鲜明，格外生动，而在现代城市家庭中却不那么明显。但是，只要一个组织存在，就会有这个组织的文化，特别是这个组织如果有历史的厚重，有传统的积淀，就更是如此。作为家庭的文化，家风是附丽于家庭而存在的，只要有家庭，就会有家风。家风并不必然会因为农村的城市化、大家族被小家庭所取代而丧失，或者说，随着历史的演进，社会情势的变化，家风的具体内容肯定会有变化，但家风仍然会存在。在社会结构和家庭结构都发生了革命性变革的当今社会，人们感叹“家风”的荡然无存，其实是指家庭所秉持的“只耕田，只读书，自然富贵；不欠债，不健讼，何等安宁”这样一些古典原则的式微，是指“耕读两途，读可荣身耕可富；勤俭二字，勤能创业俭能盈”这样一些传统内容的沦落，是“志欲光前，惟是诗书教子；心存裕后，莫如勤俭传家”这样一些旧时理念的散淡，而不是家风本身的消逝。

此外，家风不同于家规。虽然这两个词都与家庭教育相关，但它们有着本质的差异。

家规是家庭或家族中的规矩，是家人所必须遵守的规范或法度，是父祖长辈为后代子孙所制定的立身处世、居家治生的原则和教条。它是借助尊长的权威，加之于子孙族众的又一重道德约束，有的甚至具有法律效力。它有家训、家诫、家仪、家教、家法、家约、家矩、家则、家政、家制等名义，有敬祖宗、睦宗族、教子孙、慎婚嫁、务本业、励勤奋、尚节俭等多方面的内容，是行于口头、针对性强的具体教诫，是见诸家书、目的明确的谆谆训诲，是载诸家谱、可供讽诵的文本规条。家规可以有多种分类，如：根据其表现形式，可以分为教诫活动的家规和文献形式的家规两种；根据内容，则可以分为针对一人一事、起因明确、内容具体、结果显豁的非规范性家规和针对整个人生、涉及方方面面的规范性家规。有的家规，着重家庭子弟的道德修养，教授为人处世要法；有的家规，集中居家治生，以至是祠堂、义庄、学塾等的管理规条。但无论如何，相对于家风，家规一个总的特点是有形的，是可视可见的。

一个家庭的家风有别于这个家庭世代相传的道德准则和处世方法，它是一个家庭的性格特征。虽然它一旦形成，也就成为教化的资源，对家族子弟具有熏染影响、沾溉浸濡的意义，但它是一种不必刻意教诫或传授，仅仅通过耳濡目染就能获得的精神气质，具有“润物细无声”的作用。历史文献中的“渐渍家风”，就极为生动形象地诠释了这一过程。通俗地说，我们可以把家规看作教化家人的教科书，而家风则是经由长期教化后的结果。

2014年春节期间，中央电视台的“家风”系列报道，引起了社会的热烈反响和高度认同。这一报道对于引导人们自觉省思，培植良好的家风，构建和谐的家庭关系，夯实家庭这一社会的堡垒，进而培养全社会的良风美俗，疗治现今社会的乱象，无疑具有积极的意义。正是基于这样一种用心，《寻根》杂志主编郑强胜代表大象出版社，约请我主编这套“名人家风丛书”。

第一辑十种出版之后，广受读者好评、社会欢迎。众多媒体都曾予以推荐，并入选国家新闻出版广电总局向全国青少年推荐百种优秀出版物、入选第二届中华优秀传统文化普及图书50种图书推荐目录，出版社也一印再印。受这种情势鼓舞，强胜兄按此前我们商议好的计划，不失时机地敦促我们启动了第二辑的编写工作。2016年5月18日，他给我发来了《“名人家风丛书”第二辑编写建议》，第二辑的编写工作由此启动。2018年6月，他又给我发来了《“名人家风丛书”第三辑编写建议》，第三辑的编写工作由此启动。

2016年，我作为首席专家承担了国家社会科学基金重大项目“中国传统文化教育资源的开发利用研究”（项目批准号：16ZDA230）的研究工作，本辑图书的编写也是该项目研究工作的一部分，并受到了项目的资助，王立刚居中做了大量的工作。

本辑的编写者，依然主要是我的学生，也吸纳了个别对此有热情、有研究的朋友参加。由于时间仓促，特别是水平所限，其中肯定会有这样或那样的问题，诚挚地希望读者不吝赐教，以便我们把这项工作做得更好。

北京师范大学国学经典教育研究中心　徐梓

2020年1月

目录

引　言

在中华民族浩瀚的文化星空中，他是学术界一颗璀璨的明星。

他的家族以“诗礼传家”名闻乡里，曾被朝廷下诏旌表为“义门”。

他四岁问天，八岁奇解《论语》，被誉为“神童”。

他一生的辉煌在于创建象山精舍，建茅舍聚徒讲学，从事传道授业活动，受到他教育的学生多达数千人。

他曾与朱熹有过中国哲学史上著名的“鹅湖之会”。

他官位不算显要，学术上也无师承，他提出“心即理”的哲学命题，形成一个新的学派——“心学”。

作为“心学”一派的开创者和代表人物，他的思想后来被明朝王阳明继承发展，并称“陆王心学”，其思想影响了中国近千年，至今久盛不衰。

此人是谁？他就是南宋著名的哲学家、思想家、教育家——陆九渊！

第一章

家世渊源

陆九渊生于一个十世同居的大家族，祖先陆希声曾在唐昭宗时任宰相。五代末因避战乱，陆德迁从吴郡迁居江西金溪青田里，选择合族聚居的模式，二百年来不分田产、同居共爨。陆九渊的父亲陆贺“采先儒之礼”，严格按照儒家礼义思想管理陆氏家族。陆九渊的四哥陆九韶撰写《陆氏家制》，并将口吻严厉的训诫之词改编为易于记诵、朗朗上口的诗歌。陆氏将儒家“孝悌忠义”等伦理道德予以深化并加以践行，被南宋朝廷旌表为“陆氏义门”。

第一节　金溪陆氏源流

陆姓在中国是最常见的姓氏之一，有着长达数千年漫长悠远的发展变迁史，在江浙、两广、江西地区最有影响。关于陆姓的起源主要有以下三种不同的说法。

第一种源自上古时代的颛顼。传闻颛顼的儿子名叫称，他的后代主要分布在现今的河南汝河一带。称的孙子名叫黎、吴回，他们在高辛氏（又称帝喾）时代先后都做过“祝融氏”的官职。据史料记载，祝融乃是三皇五帝时期“掌火正”的官名，在部落联盟中有着极高的威望、极大的权势。吴回的儿子名叫陆终，最初定居在秦岭以北（今陕西西安一带）、黄河流域（今河南省境内）。陆终的后世族众后来举族迁到今山西平陆一带定居，其中的一支后来再次迁徙到吴泽（今属河南新乡）。在公元前1600年左右，商汤灭掉夏王朝。陆终氏族由于不堪忍受商朝的残酷压迫，于是又继续东迁至山东汶上（今属山东济宁）。据甲骨文的文字记载，在商朝的武丁时期，山东汶上县曾经存在过陆国，“武王伐纣”建立周朝，陆终氏族所创建的陆国最终被鲁国吞并。据统计，陆终氏族繁衍史前后约有4000余年。

第二种是“妫姓说”。战国时期，取代姜姓的齐国田氏先祖敬仲（即田完），就是妫姓之后裔，所以陆家的祖先又姓田。齐宣王封少子田通于平原盘县陆乡（今山东德州陵城区），田通于此定居，故改为陆姓，子孙以陆为氏。妫姓陆氏也有2300多年的历史。

第三种是“允姓之戎”。相传陆姓起源于戎人的一个分支，“以姓允氏”而得名。据史料记载，陆终的长子名叫昆吾，后世戎人将“陆终昆吾”简化成“陆昆”，因发音较为模糊而逐渐演变为“陆浑”，史称“陆浑戎”。春秋初期，“陆浑戎”的一个分支向东迁徙，最终在洛水上游（今属河南洛阳嵩县）创建了“陆浑国”。春秋时期各国混战不止，国力强盛的晋国于公元前525年灭掉陆浑国。战乱后遗留下来的亡国之民选择“以国为氏”，其后人都以陆姓来纪念故国。

除上面所述的陆姓起源外，还存在“他族改姓”。在秦汉大一统时期，地处偏远的广西又称“骆越古国”，将五岭以南之地称为“陆梁地”。骆越人的后人基本都以陆为姓，2019年发布的《广西最新百家姓排名》显示，陆姓在广西壮族自治区的姓氏排名中高列第六，现今广西汉族、壮族的陆姓大多与骆越后人有关。西汉刚建立不久，国力衰微，面临来自北方游牧民族匈奴的威胁和骚扰，“白登之围”后不得不以“和亲”的低姿态来换取和平。汉武帝元狩二年（前121），骠骑将军霍去病两次出陇西，深入河西走廊腹地，最终击溃匈奴主力收复失地。其中有一支陆姓游牧部落向西汉王朝投降，并迁入中原与汉人混居。魏晋南北朝时期，少数民族鲜卑族入主中原，北魏孝文帝拓跋宏以“南伐”为名迁都洛阳，同时全面改革鲜卑的旧俗，并将鲜卑姓全部改为汉姓。并鼓励鲜卑贵族与汉人士族联姻，其中复姓“步陆孤氏”改为陆姓，时称“河南之陆”。鲜卑族通过与汉人世代混居，逐渐被汉人同化而演化为当地的汉族。北魏孝文帝的“太和改革”，不仅极大地缓解了民族隔阂，而且对促进各少数民族与汉族的融合与发展起到了积极作用。

汉初思想家陆贾之子陆烈，字伯元，西汉高祖时出任吴郡（今江苏苏州）县令一职，后因其政绩卓异升迁豫章都尉。在吴郡县令任内，由于处事公正廉明，勤政爱民，深得当地老百姓的拥护与爱戴，因此陆烈举陆氏全族南迁到吴郡安家立业，之后家族不断繁衍，子孙兴旺，先后出过东汉建武尚书令陆闳、东汉乐安太守陆逢、东汉末年庐江太守陆康等杰出代表人物，时有“天下陆氏出吴郡”之美誉。至西晋时，陆氏名列“江南四姓”（朱、张、顾、陆）之一，为吴中地域内世家望族。在随后的历代王朝，苏州陆家官居相位者高达十二人，人才辈出。

三国时期，陆氏家族作为名门望族在东吴所发挥的作用不可忽视，甚至影响了整个三国时期的历史进程。陆绩（188—219），字公纪，其父陆康在东汉末年曾做过庐江（今属安徽合肥）太守。据宋代范成大编撰的《吴郡志》载，陆康从小就非常孝顺双亲，而且注意自己的言行举止，是一个有道德操守的人，被当地老百姓交口称赞。陆绩从小就接受家庭良好氛围的熏陶，在父亲陆康高尚品格的影响下成长，因此陆绩从小就“知礼节，懂孝悌”。时任庐江太守的陆康与“称霸一方”的豪杰袁术来往较为密切，曾带年仅六岁的幼子陆绩前去拜会。席间，桌上有一盘橘子陆绩非常喜欢吃。若是其他小孩子肯定会大快朵颐，甚至会觉得不够吃。然而陆绩却在品尝了几个橘子之后，偷偷地将剩下的几个藏在衣襟之中准备带回家。与袁术告辞行礼时，怀里的橘子滚落下来。袁术用略带嘲讽的口吻笑问：“你这小家伙跟着父亲前来做客，怎么还偷藏橘子回家？”陆绩赶紧跪下并解释道：“我觉得这橘子非常好吃，但是我的母亲却没有品尝到，我只是想带几个橘子回去给母亲尝尝。”袁术听完陆绩的回答，对虽然年幼却如此孝顺的陆绩感到异常惊讶。在“以孝治天下”的汉末，世人高度赞扬陆绩的孝顺行为，一时流传四方并成为佳话。元朝郭居敬“尝取虞舜以下二十四人孝行事迹”并辑录成册，陆绩的《怀橘遗亲》故事便被收入《二十四孝》之中。

陆绩曾经做过郁林太守，在他任职期满卸任回家时，因为为官不贪腐、不敛财，故随身携带的行李甚少，乘船时因怕船身过轻容易被风浪晃动，陆绩便在岸边挑选一块巨石以增加船身的重量。回到家乡吴郡后，陆绩便将那块压船的巨石随意放置在屋旁。《吴郡志》记载：“姑苏陆氏之门，有巨石，号郁林石，世保其居。”从此，“郁林石”便成为为官清廉的代名词传颂至今。两袖清风，一身正气，是自古以来最值得称道的官品，陆绩用实际行动践行了这一点，说他是当时的道德楷模，一点也不为过。

两晋时期，陆氏家族的主要代表人物有陆机、陆云两兄弟，世人将兄弟二人合称“二陆”。陆机（261—303），字士衡，西晋时期著名的教育家、书法家、文学家，在名门士人之中享有盛名。他是三国时期东吴的丞相陆逊的孙子、大司马陆抗的第四子，相传他少年时就文采斐然，所写的诗赋倾动一时。

凤凰三年（274），由于父亲陆抗逝世，年仅十四岁的陆机分领其父的部属，担任牙门将一职。

太康元年（280），东吴之主孙皓向司马氏乞降，二十岁的陆机萌发隐居之意，于是闭门在家苦读。太康九年（288），陆机创作《辩亡论》，深入剖析孙吴兴亡之深层原因。

太康十年（289），陆机、陆云兄弟二人来到京城洛阳求学访友。由于陆机的辞藻华丽，受到朝廷“掌宗庙礼仪”的太常张华的赏识，张华曾对陆机说：“别人作文，常遗憾才气少，而你更担心才气太多。”并向当时的名士极力推荐兄弟二人，此后二陆的名声大振。陆机、陆云与东吴丞相顾雍之孙顾荣，被世人誉为“洛阳三俊”。

太熙元年（290），时任太傅的外戚权臣杨骏听闻陆机的才华，于是征辟他出仕，担任祭酒一职。

元康二年（292），陆机先后担任过太子洗马、著作郎等闲散文职。由于他喜欢郊游，所识之人多为权贵子弟，甚至与晋惠帝皇后贾南风的侄子贾谧亲善，成为“金谷二十四友”的成员之一，因而被士子认为其德行有亏，遭到世人的讥讽。

元康四年（294），吴王司马晏镇守淮南，陆机因受其赏识，被授为吴国郎中令。

元康六年（296），陆机升迁为尚书中兵郎，次年转为殿中郎，再出补著作郎。

永康元年（300），赵王司马伦起兵，伺机发动政变，废黜并诛杀皇后贾南风，并以相国的身份辅政。担任参军一职的陆机因在政变中有功，被封为关中侯予以重任。后因司马伦密谋篡位，三王举义并诛杀司马伦。陆机因此而获罪，虽免于死刑，但被流放到边远之地。后遇大赦回到江南，志在救世济民的陆机受到司马颖的重用，后被任平原内史，因此世人称陆机为“陆平原”。太安二年（303），陆机率军征讨长沙王司马乂，后在军中遭谗遇害，年仅四十三岁。

陆机一生所作的诗歌、辞赋、散文共有三百余篇，遗存于世的文学作品仅有一百余篇，大多为辞赋和乐府诗。此外，陆机在书法上也有很深的造诣，其书法作品《平复帖》被誉为“法帖之祖”。

到了唐朝，陆氏家族甚为显赫，被尊为“宰相世家”。陆元方（639—701），字希仲，其父陆玄之曾做过豫章县尉。陆元方学识渊博，参加“明经”科试帖高中进士，被授予渭南县尉一职，因其政绩优异而升迁为监察御史。武则天即皇帝位之后，因陆元方在治国理政方面有自己独到的见解，因而受到武则天的高度赏识，提拔为殿中侍御史、中书舍人。长寿二年（693），陆元方先后被任命为门下侍郎、同凤阁鸾台平章事，官至人臣之巅峰——宰相。陆元方执政时清廉谨慎，公正无私地为国家选拔了大量人才。武则天每到百官人事任命之际，必先秘密咨询陆元方。他虽得武则天的重用，却为人方正，不肯曲意逢迎执政者，因此被贬为绥州刺史。后因治理地方有功，又被调入朝廷任兵部侍郎。圣历二年（699），陆元方累迁太子右庶子、尚书左丞，“二度拜相”，这在封建王朝实属罕见。

陆元方为人正直，行为处事有自己的一套准则。据史料记载，陆元方出售洛阳城的一栋寓所，买主看过房后很满意，并谈妥购房价格。诚实的陆元方却坦然告知买主，这套寓所存有一个缺陷，如果碰到下雨的天气，水无法及时排泄出去，容易导致积水。而买主听后考虑再三，决定不再购房。陆元方的家人都说既然买主没问及房屋的缺陷，他不应该主动向买主暴露。陆元方却坦然地笑道："如若不主动将房屋的缺陷告知买方，那就属于欺骗，这种行为很不可取！"陆元方就是通过自己的正直诚实、不唯利是图的高尚品格，来教育自己的子女要树立良好的道德。他通过言传身教，为陆家树立了良好的家风，因此他的后代人才辈出。陆氏兄弟友爱孝悌，品行端正，这与陆元方的家庭教育分不开。

陆元方的长子陆象先（665—736），原名陆景初，早年高中科第，授扬州参军。他在仕宦途中较为顺畅，没有经历过宦海沉浮，这是因为陆象先为人"器识沉邃"，有容人之度，知人善任。唐睿宗赞誉他"能绍先构，是谓象贤"，并亲自赐名"象先"，并提拔为宰相。陆象先在任宰相期间，大力推行"仁恕"的执政理念，当时朝廷上下、官吏百姓无不感念其恩德。陆象先过世后，继位后的唐玄宗念其德高望重，封为兖国公，又追赠尚书左丞相官职，谥号"文贞"。

陆元方的次子陆景倩，起初担任过扶沟丞等小官，虽然官小职微，但他始终恪守"清廉奉公"的为官准则。考核吏治的按察使毕构到河南巡察时，暗中考察各州县官员的情况，陆景倩的下属纷纷称赞他是一名真正的清官。

陆元方的幼子陆景融，性格比较宽厚，学识渊博，尤其擅长画山水画。因父辈对朝廷有功而得以荫补千牛卫，随后升迁任新郑县令，最后做到了工部尚书一职。他在任职期间勤政爱民，使民风教化得以极大改善。

陆贽（754—805），字敬舆，他是溧阳县令陆侃的第九子，从小就天资聪敏，博闻强识。唐代宗大历八年（773）应博学鸿词科高中进士，他学术精粹，授华州郑县县尉。唐德宗即位，由监察御史召为翰林学士，数年后迁至兵部侍郎。贞元八年（792）四月，陆贽拜相，任中书门下平章事。他在任期间，以天下为己任，锐意革除朝廷弊政，并提出一系列主张，废除苛捐杂税。贞元十年（794），性格耿直的陆贽试图纠正皇帝的过失，上疏谏言而触怒皇帝，结果遭到陷害被罢相。永贞元年（805），陆贽病逝于忠州（今重庆忠县），享年五十二岁。陆贽作为中唐时期的一名贤相，死后被朝廷追赠为兵部尚书，谥号“宣”。

陆希声（？—895），字鸿磬，博学善属文。祖上多代为官，五世祖为陆元方；高伯祖为陆象先；高祖为工部尚书陆景融；祖父陆孟儒，官至苏州司士参军；其父陆翱为唐朝诗人，《全唐诗》录存其诗二首。

陆希声学识渊博，著述较多，尤其精通《易经》《老子》等典籍中所蕴含的哲学思想。唐僖宗乾符初年，陆希声被召为右拾遗，当时朝政腐败，加之连年歉收，尤以汴州、宋州最为严重，陆希声见州县凋敝，上言谨防盗贼。

次年，王仙芝发动农民起义，并且迅速蔓延到数十个州县。陆希声因平叛有功，累迁歙州刺史。陆希声的操守和能力上达天听，被唐昭宗召为门下省重要职官——给事中，主要负责审核中书省起草的诏令文书，审阅各种呈文，并提出供皇帝参考的处理意见。陆希声能力突出，勤勉不懈，因此擢升为户部侍郎，同中书门下平章事，后以太子少师的身份辞官归隐。陆希声仙逝之后，朝廷因感其功，赠尚书左仆射，谥号“文”。有《颐山录》一卷，今存二十二首。

隋朝之前，我国人口分布主要集中在黄河流域、淮河流域，呈现出北重南轻的局面。随着隋朝结束了南北朝的分裂与战乱局面，社会经济得以恢复和发展，人口重心逐步转移到了“鱼米之乡”的南方富庶之地。唐朝经过安史之乱的破坏，人们为避开长江以北的战乱，逐渐向长江以南的江西、湖南等地迁移。据《全唐文》卷六二二载，唐德宗在位期间，因采纳宰相杨炎的建议，开始推行两税法。“军兴以来，职役繁重”，从而引发长达四年之久的叛乱，长江中下游至淮河一带的老百姓苦不堪言，“多有流亡”。那些逃难的百姓大多选择徭役相对较轻、地方官比较清廉的州县，作为家族迁徙定居的首选之地。据《唐语林》载，唐代宗李豫继位初期，因受藩镇割据的影响，袁州（今属江西宜春）老百姓的徭役尤为沉重，老百姓逃亡流失率极高。阎伯玙任袁州知府后，实施一系列仁政以休养生息，“惠化招抚”，本州逃亡的百姓听闻家乡发生变化，都纷纷返回袁州重建家园。后来阎伯玙调江西抚州做官，袁州百姓“相率而随之”。

唐末江淮地区战事频繁，社会动荡致使灾难频发，严重的地方甚至出现“庐舍焚荡，民户丧亡”的惨景。唐末五代，江西比起全国大多数地区来说，破坏相对较轻。五代十国统治时期，南唐境内的战乱已基本平复，江南西道（今属江西）的社会秩序总体上较为安定，因而江南西道成为北方人口逃避战乱的胜地之一，而地处赣东的抚州也成为北方外来人口迁入较多的州县。

在中国历史上大分裂的五代时期，陆希声的孙子陆德迁为避战乱，决意从江苏吴郡举族南迁至江南西道抚州，最终选择金溪县延福乡青田道义里（今江西金溪县陆坊乡）定居。陆德迁是金溪陆坊陆氏的始迁祖，他“解囊中装，买田治生，赀高闾里”，并开始购置土地、商铺等家族产业，逐渐发展成为当地有较高声望的家族。陆德迁临终之时再三叮嘱后代，要以此地为基，繁衍生息，勤于耕读，建功立业。让陆德迁没想到的是，他的期望直到他的六世孙陆九渊才真正达成。

陆九渊的高祖陆有程，“博学，于书无所不观”，是一位百科全书式的学者，除研究儒家典籍外，还涉猎道家、兵家等知识。陆九渊的曾祖陆演，“能世其业，宽厚有容”，是一个传统的儒家知识分子，处于半耕半读的状态，守着家族的产业勉强度日。陆九渊的祖父陆戬，平日沉迷于研究佛家、道家思想，他自认清高，不懂生产。陆家原是有品级的士族地主，传至陆九渊之父陆贺的时候，家中土地已极少，全靠经营药店和教学收入维持家用，与地方平民无异。

自陆德迁从吴郡迁徙至金溪青田算起，传至南宋时期陆九渊时，前后共经历六代，近两百年陆氏家族一直处于耕读守业的状态，子弟无一人从政为官。随着家族人口的不断增多，以及日常开支的巨大消耗，陆氏先祖所购买的田产日益减少，虽不至于贫困潦倒，但也只能勉强度日。与吴郡时的陆氏辉煌时期相比较，绝对属于“家道中落”。陆九渊曾自述家境的困难：“家素贫，无田业”，“家素无田，蔬圃不盈十亩”。从文字中可以看出陆氏家族的境况日渐式微。为应对朝代更替、频繁战乱带来的巨大冲击，增强家族成员的凝聚力和向心力，陆氏权衡各方利弊，最终选择聚族而居的家族发展模式。

第二节　陆氏义门

金溪建县于北宋淳化五年（994），是江西为数不多的千年古邑之一，其地貌以丘陵山地为主。由于该县含有丰富的金银矿资源，使得山间溪水色泽如金，因而得“金溪”之名。全县面积1358平方公里，人口30余万，享有“江南书乡、心学圣地”之美誉。

青田里是陆氏家族的衍居地，是一个陆姓聚居的较大的农耕村落，于五代时期开基，至今已逾千载，明朝时发展至鼎盛，新中国成立后改为陆坊乡。陆坊村具有千余年的悠久历史，为了家族生存的需要，陆氏在耕读之余，还经营多家药铺、铁匠铺等，它是中国古代传统社会士、农、工、商四业并举的乡村典范。

陆坊村人文历史悠久，自然风光秀丽。村庄规模较大，整体坐北朝南，基址为田间岗地，前后设有水塘。一座题有“义门”二字的宗族门楼十分引人注目，显示出这个家族曾经的荣耀。门口对联将陆氏家族的发展史简明扼要地展示在世人面前：上联“同居十世儒门第”，表明陆氏家族自迁到青田里，历经十世而不分家产，共同劳作共同起居，并始终保持儒家子弟耕读的本色；下联“六相三贤理学家”，陆氏家族有着辉煌的家族史，自三国孙吴至李唐时期，前后出过六名宰相，何其显赫。在南宋时期，出现过陆九韶、陆九龄、陆九渊三位思想家，后人将其合称为“金溪三陆”。横批题为“宋陆儒门”。陆氏祠堂位于村子的正中央，这是一个三进的大宅院，祠堂的最上方悬挂着一块题为“骊珠世家”的匾额，此乃明朝开国文臣之首宋濂亲笔题写。在祠堂后院有一古井，外方内方，形成一个“回”字，井底成八卦状，后人将此井称为“八卦义井”。陆氏家族始终坚持聚族而居，由于十世同堂、二百年同吃同住的和睦同居，先后被南宋和明朝的统治者表彰，被树立为以孝治家的家族楷模。

在中国古代，类似抚州金溪陆氏义门的大家族数量并不多，而其中只有几个义门曾受到过朝廷的表彰，可见其珍贵。随着“九品中正制”逐渐退出历史舞台，魏晋南北朝时期豪门世家的垄断地位日益被摇动。到了李唐时期，随着科举制的确立，许多中小地主地位得以迅速提升，在经济富庶的江南地区，他们通过自身发展及统治者的支持，逐渐凝聚成“义门”家族。作为义门家族的杰出代表，如江右陈氏、金溪陆氏、浦江郑氏等受到朝廷“旌表”的义门家族，既拥有义门的共同属性，同时又各自具备特色鲜明的辨识度。如江右陈氏主要从事农桑耕作，民风淳朴，造福乡里；金溪陆氏则偏重理学思想，为家族的维系提供理论支撑；浦江郑氏则属于礼制型家族，明初被朱元璋御赐“江南第一家”匾额。义门家族中所有的财产为家族公有，一不分家，二不分灶，全家族过着共同劳作、共同饮食的集体生活，大家通过分工合作，共同维系整个家族的正常运转，经常出现数百人共同用餐的壮观场面。

金溪青田陆氏是一个从中原辗转南迁的名门望族。然而陆氏家族却不断衰落，自始迁祖陆德迁起至南宋陆九渊，近两百年竟无一人出仕为官，因此陆氏家族的衰弱是必然的。直到陆九渊的父亲陆贺接任族长之后，陆氏家族在他苦心经营之下，除耕作之外还经营药肆等营生，更是高度重视家族教育，使陆氏家族逐步摆脱困顿，重新焕发生机。

陆贺（1086—1162），字道卿，他虽无功名也未出仕，但精通儒学经典，知识渊博，在地方上威望极高，“以学行为里人所宗”，世人皆称他为“道卿先生”。陆贺是典型的“乡绅”，具有较高的文化知识水平和理论素养，精于管理家务，同时他抛却知识分子鄙视手工业的高傲姿态，派次子陆九叙等子侄经营管理家族商铺，为家族积累财富，为家族的崛起奠定了经济基础。陆贺在注重家族经济发展的同时还高度重视儒家思想对于家族的教化作用，“采司马氏冠昏丧祭仪行于家”，他将儒家的“礼”注入家族的日常生活之中，要求家族全体成员的言行举止都必须符合儒家的礼法，决不允许出现任何逾矩之举。

纵观中国历代王朝史，为躲避战乱而南迁的家族，为了不被当地百姓欺凌，早期通常都会选择合族聚居的模式。然而随着家族的不断发展壮大，以及其他的一些因素，大部分家族在数代之后，就会出现居散而族不散的情况。一旦家族凝聚力无法长久维系下去，就会有家族成员要求分家甚至外迁至别处。像金溪陆氏家族这样历经十世同居而食的大家族，实为凤毛麟角。

据《金溪县志》载，陆氏家族自吴郡南迁至金溪青田里，始终保持聚族而居、不分田产、同饮同食，是一个名副其实“诗礼簪缨”的礼法家族。陆氏家族在家族管理方面，高度重视儒家礼仪的教化之功，并在家族日常生活中予以践行，以血亲—宗法关系来维系家族的聚合力，并以严格的家长制来实现家族的运行及日常管理。在陆氏家族中，由德高望重的族长指定一名德行兼备的子弟任家长，由他全面主持家族的管理工作，陆贺任族长时，指定其长子陆九思为家长。用当今的通俗话来讲，陆贺犹如陆氏家族的董事长，负责陆氏家族的发展规划，而陆九思就是家族的总经理，主要负责组织家族的日常运行。全族上下均听从家长的统一调配，各司其职，整个陆氏家族的管理井然有序，因而在当地有“青田河畔樵农客，云林山下宰相家”之美誉。

陆氏家族在日常管理方面非常严格，家族子弟各司其职，又彼此相互配合。作为传统农耕社会的家族，陆氏也实行“男耕女织”这一标配模式。大部分男丁都要到田地里辛苦劳作，“日出而作，日落而归”，这也是陆氏家族饮食的主要来源。而女眷则从事洒扫、洗涤等相关内务，也有部分心灵手巧者则在家织布，负责全体家族成员的衣物着装。陆氏家族在饮食管理方面比较有特色，全族百余人共同饮食。从家族中选取数名身体强壮的年轻女性专门从事家族餐饮，男女分开作两批进食。日常生活消耗品的分配则是奉行“平均主义”，每人都可领取一份。不过，这种低标准档次的衣食供应，只是为普通成员而设的，取得功名及任官的成员则待遇有所区别。

陆贺育有六子，在陆氏父子的共同努力下，陆氏家族得以重新焕发生机。长子陆九思是陆氏家族的一家之长，事无巨细，统筹管理整个家族的事务。他高度重视家风建设，著有《家问》一书，“每训饬子孙，著为家诫，深以不识礼义为忧”。四子陆九韶，以诗歌的形式撰写了训诫家人的唱词，用以教化族众。老五陆九龄继承父亲陆贺的遗志，以礼法治理家族，使家族井然有序，“阖门百口，男女以班各供其职，闺门之内严若朝廷”，族众受到感化，都为人谦逊而且孝顺老人。

不过，陆氏家族却罕见地保持着“义居家族”的风尚。“义居家族”的特点是所有族人同灶吃饭，共有土地财产，生产组织有序，生活遵礼守规，“聚族义居，钟鸣鼎食，义不分财，诗礼传家”。陆氏家族一百余口同灶吃饭，生产及其他工作由一人领导组织，各人分工不同，教育、田地、药店、出纳、做饭，乃至接待宾客，都由不同人分管。有严格的家规，以对不敬、不孝、不礼、懒惰、嫖赌、盗窃者进行惩罚，维持家族秩序，养育美好德行。陆氏家族在财富上虽不显赫，但却远近闻名。通过以下两方面，可一睹陆氏家族风采。

其一，陆氏家族严格遵照家长宗法制，家庭成员各取所长，勤俭持家，呈现出宗法大家族持久的生命力。在陆九渊为二哥陆九叙撰写的墓志铭中，记载了陆家分役持家的情况：

家素贫，无田业，自先世为药肆以养生。兄弟六人，公居次，伯叔氏皆从事场屋，公独总药肆事，一家之衣食百用尽出于此。子弟仆役，分役其间者甚众，公未尝屑屑于稽检伺察，而人莫有欺之者。商旅往来，咸得其欢心。

陆氏弟兄都没有争名夺利的心思，他们心系陆氏家族的发展，各人都发挥自己的长处，取长补短，因而陆氏家族的底蕴逐渐丰厚起来。

其二，陆家以宗族文化的强大生机和精神影响着一方乡风民俗。陆氏奉行“家国同构”理念，由家长一人主持家政，组织生产，能使“子弟仆役，分役其间”，众子弟轮流协助管家，余则各司其职，各有制度，日常生活生产管理精细周全。这一治家理念使得陆家农、商、儒三业并进，成为金溪名门望族。

陆氏家族的礼法治家模式逐渐在金溪乡里流传开来。随着陆氏兄弟先后在科考中取得功名，尤其是陆九龄、陆九渊高中进士，陆氏家族治理的成功经验进入统治者的视野，受到朝廷表彰并被推广。淳熙四年（1177），宋孝宗赵昚曾大加赞赏陆九渊“满门孝悌者也”。淳祐二年（1242），陆氏义门全族数百人共灶同食已逾十代，前后跨越了三个王朝，共计二百八十余年。宋理宗赵昀敕封“金溪陆氏义门”加以表彰：

> 皇帝制曰：江西金溪青田陆氏，代有名儒，载诸典籍，聚食逾千指，合灶二百年。一门翕然，十世仁让。惟尔睦族之道，副朕理国之怀。宜特褒异，敕旌尔门，光于闾里，以励风化。

在长达数百年聚族同居的过程中，陆氏家族逐步形成一套体系完备、内涵丰富、运行高效的家族管理制度，因而受到执政者的肯定与表彰，并被赐予“陆氏义门”这一至高无上的家族荣誉。

金溪陆氏义门具有以下三个鲜明的特点：

一是聚族同居时间极长。通常的家族义居，基本只能维系五六世便因各种原因而分解，而陆氏家族则可以达到世人罕见的十世同居，为各朝家族义居之典范。二是陆氏家规家训极其完备，形成了一个严密的体系。陆九韶将家训变成朗朗上口的《诫子弟词》，教化族众的方式比较新颖，取得不俗的效果。三是陆氏家族重视教育，族人和睦相处且知书达礼，家族良好的氛围使得自陆九渊一辈起，陆氏子侄成才率极高，陆氏兄弟的学术思想名扬天下。

在长达数千年的封建社会中，家族作为国家的基本组成单位，对维护社会的稳定起到极大的作用。中国古代各王朝的统治者都极力将儒家的“礼仪”理念与家族治理相结合，家族的稳定与否对整个社会秩序具有较大影响，因而统治者会选择敕封旌表一些具有代表性的“义门”，然后向全社会推广其经验。而作为儒家伦理道德践行者的陆氏家族，在中国家族史上留下了浓墨重彩的一笔。

第三节　父兄形成的家风

陆坊村隶属于金溪县陆坊乡，是一个历经千载、风格古朴、父系血缘纯正的陆姓古聚落，无其他杂姓混居。为保持陆氏家族的纯正性，陆氏先祖陆德迁立下严厉家规，且千年来得到族人严格遵守，成为极少见的血缘十分纯正的单姓村。

为保证家族井然有序地发展，陆氏家族逐渐形成了一套完备的管理制度，它严格遵守中国传统儒家的礼节和仪式。饱读诗书的陆贺潜心研究儒家经典，并将儒家礼义在家族管理中加以践行，“酌先儒冠，昏丧祭之礼行之家，家道之整著闻乡里”。为了教化和约束族众的行为，维护本族的利益，陆贺严格按照儒家所提倡的礼义思想来管理家族，大力推行“德法兼治，恩威并施”的治家方略，使家族的风貌得以发生翻天覆地的变化。

一、鼓磬聚合　为歌寓警

陆氏义门的家训体系非常完备，“本末具举，大小无遗”，与历史上其他家族的家训相比较，它最大的亮点就在于族众每日清晨于祠堂集合，伴着鼓磬的乐声齐声唱诵陆九韶编撰的家训歌。陆九韶是个非常有才华的人，著述颇丰。为了陆氏家族管理更加规范有序，他针对家族事务与家族教育问题，专门撰写了一系列的规范，后汇集成册，名为《居家正本制用篇》，陆氏后人又称其为《陆氏家制》。该书分为“正本”“制用”两部分，“正本”篇主要围绕为人处世这一核心内容，教育族众必须牢记孝悌忠信的修身理念，端正其本源；“制用”篇主要围绕家族财务管理、节省支出及开源节流等方面展开论述，这也是中国古代史上为数不多的家族管理方面的书籍。

陆九韶还将陆氏家训中的文字内容辅以韵律，将口吻严厉的训诫之词改编为易于记诵、朗朗上口的诗歌。《宋史·陆九韶传》载：“九韶以训戒之辞为韵语，晨兴，家长率众子弟谒先祠毕，击鼓诵其辞，使列听之。”每天早晨，德高望重的家长带领子弟们到祠堂“致恭”，在厅堂互拜，问候安康，妇女们互道“万福”。晨拜时，击鼓三叠，激越雄浑的鼓声催人勤奋，振奋精神。领唱者面对祖宗牌位肃立，引领全体族众齐声诵唱陆九韶改编的《诫子弟词》：

听听听听听听听，劳我以生天理定，若还懒惰必饥寒，莫到饥寒方怨命，虚空自有神明听！

听听听听听听听，衣食生身天付定，酒肉贪多折人寿，经营太甚违天命！定定定定定定定！

听听听听听听听，好将孝悌酬身命，更将勤俭答天心，莫把妄思损真性！定定定定定定定，早猛省！

凡闻声，须有省。照自心，察前境。若方驰骛速回光，悟得昨非由一顷。昔人五观上时领。

训诫之词极具特色，意韵深远。第一段告诫族人切莫懒惰，若想要温饱必须劳作，将勤劳的合理性提升为“天理”，否定饥寒为命中注定，具有积极的教育意义。第二段告诫族众要满足现实，人的一生都是上天早已注定的。同时还告诫族人不要过于贪婪口腹之欲，酒肉要适量，不要过于贪婪与经营，以免走上人生的歧路。第三段强调孝悌是做人的根本，同时要继续保持勤俭节约的美德，以报答上天的馈赠。最后一段是小结性的训诫，教导族众子弟诵读完训诫之词就要及时内省，审视自己的言行举止，想想国家现在的处境。如果走上邪路请赶快回头，是是非非就在分秒之间，千万不要糊涂透顶，夏朝时的太康亡国就是历史教训。

唱完家训歌后才能开饭，用完餐后，再击磬三声，族人们坐在一起喝茶交流。陆九韶以太康来比喻被掳走的宋徽宗、宋钦宗父子是最恰当不过的，沉痛的歌词洋溢着爱国主义热情以及人生哲理。每次用餐之时全体族众吟唱这样的家训歌，说明陆氏家族具有强烈的忧患意识。

陆九韶编制的《诫子弟词》，寓教于歌，这是陆氏家规中最为独特之处。其主旨是规劝族人要接受现实生活中的一切，上天早已有安排，因而族人的言行举止不要违背天命，一定要遏制个人私欲的膨胀。同时还提醒族人必须保持勤俭节约的美德，一旦懒惰散漫则必定遭受饥寒。虽然这段唱诵之词只有四小段，但其内容意蕴深远，与儒家所倡导的人生价值相契合。陆氏家族能维系十世聚居的向心力，除赖以生存的经济基础外，更为重要的是家族思想意识的统一。陆氏族众每天早晨都集体吟诵陆氏家歌，将《诫子弟词》内容烂熟于心，其目的是要族众子弟将“孝悌礼义”牢记心底，从而强化族长、家长统治地位的合法性。

陆九韶认为，家庭能够维持和谐、兴旺的关键是要制定一定的法则，长期遵守，养成习惯。训诫语的基本精神与中华民族的传统美德一脉相承，在今天仍有现实意义。

二、正本修身　礼义为先

陆氏是具有大智慧的经略家族。陆氏虽为民户，是普通地主，却是一个传承中国士绅乡风的典型家族，有一套家族长治久安的经略手段。陆贺父子通过进一步改进宗族的管理体系，不断完善家法家规，肃清和整治家族内的不良风气，使陆氏家族在抚州境内非常有名。

陆贺亲自制定《家规》，“采先儒之礼”，充分吸收儒家的思想理论体系，以礼制礼仪法度来管治家族。陆九思总揽族内大小事务，注重礼义教化，培养人才。他在陆贺治家的基础上，将平时管家的丰富经验，总结为《家问》一书，南宋大儒朱熹曾为该书作序，该书现已遗失。该书教导族人不要以不得科第为病，要以不识礼义为耻。陆九韶撰写的《陆氏家制》一书，为陆氏家族管理的理论性总结，为后人提供了有益的参考和借鉴。

通过陆氏父子数十年的不懈努力，逐步产生大纲四篇、小纪十八条的陆氏家训体系，它也是一套日趋完备、极其严密的家法家规。“家法”对族众既有行为约束的条文，也包含对违反禁令的惩罚措施等。族内子弟犯了过错，特别是对父母不孝、不尊长辈、懒惰成性等行为不正者，一经发现，由家长聚集族众在祠堂公开处理。初犯教育，重犯鞭打，若有一犯再犯且不知悔改者，则报官办理，开除族籍，并赶到远方去，除非确有改过表现，通常是永远不得回乡。

陆九韶所著的《陆氏家制》中的“正本”篇是育人经略，最有家学古风。他极力主张管理家族的首要任务是“正本”，在陆九韶看来，“本”指的是儒家伦理道德的“孝悌忠义”，这也是人之所以为人的根本。“正心、诚意”是“齐家、治国、平天下”的前提，如果“心”不正的话，则人生的根基就不牢固。他建议陆氏子弟八岁入小学，教育内容当以孝悌忠信为主，其次是多读《史记》等相关书籍，从而得以知晓各朝各代兴衰以及治理国家的方略。

陆氏家族在人才选拔方面，有着独特的方法，选“秀异者入学而为士”，成为家族长盛不衰的保证。“正本”篇还特别规定，一般子弟教育到十五岁，之后分劳力者与劳心者进行培养。成绩特别优异的子弟，教他们树立良好的德行，可以继续进学参加科考从而获得功名，在外做官契合家族利益。传统文化视家国为一体，秀异者在“孝悌忠义”的基础上，再以“六经”《论语》《孟子》和《史记》为教科书，放眼天下，训诲兴衰之方、治平之术。而在读书方面表现平平的子弟，则在家族的统一安排下，或从事田地耕作，或从事商业、手工业等，为陆氏家族的发展贡献自己的力量。

《陆氏家制》中的“制用”篇的理论依据是《礼记·王制》中所载录的理财方法。陆九韶强调家族的财务管理务必以“量入为出”为原则，杜绝铺张浪费等现象，他还专门为陆氏家族的支出制定了年度计划。此外还有一套管理家居和农事的有效制度。

陆氏家族以儒家礼法为核心，构建体系完备的宗法家规，以达到约束陆氏族众思想行为的目的。正是在长辈的言传身教和家规家训的熏陶下，陆门忠君爱国、忠孝节义、忠诚正直之士代不乏人。陆氏一门培养了众多人才，其中尤以南宋著名哲学家、“心学”开山之祖陆九渊最为有名。陆九渊的“秀异”，得益于这样的一个十世同居、高风笃行、家法严肃的乡村士绅地主家族。据《全州教授陆先生行状》记载，陆家六兄弟恪守礼行，正是这种门第书香气，保证了家学传承，更促进了陆氏门户历世不衰。

三、儒商并重　忠孝传家

在中国人的传统观念里，若想家族兴盛不衰，道德传家是最佳选择，其次是耕读传家，最后才是金银财富传家。从始祖陆德迁举家迁至金溪的近两百年里，陆家没有一个子弟做官。陆九渊的祖父陆戬，自认清高，不懂生产与经营，宁愿在乡自食，也不愿从事商贾。待传至陆九渊的父亲陆贺，家里更是拮据，与普通农户并无太大区别，全家过着很清贫的日子。

唐末战乱频仍，大规模的难民南迁，使中部和南方的人口占比不断提升，致使全国经济重心也随之南移。到了宋朝，随着全国商业的蓬勃发展，“抑商”政策开始松动，许多家族开始放下身段，日益重视家族的商业贸易，这是大家族维系日常运行的经济基础。即便如此，两宋时期，商人的社会地位依旧不如读书人身份高贵。当时商人的来源较为复杂，但主要有以下两种：一是“家贫服贾”，即由于家庭贫困无以为继，才不得不从事商业；二是“弃儒经商”，即有志于在商业方面大展拳脚，从而放弃读书人的身份专门从事商业贸易。陆九渊的二哥陆九叙正是为了整个陆氏家族而做出了巨大牺牲。当时陆氏已然家道中落，家境困顿，因而他毅然主动承担起振兴陆氏家族的重任。陆贺与陆九叙能够不拘泥于儒家陈腐陋习，放下读书人的架子去经营药铺、田地，在当时“歧视商人”的时代实属罕见。

陆氏持家用度有准，使家族财富“长宜子孙”。“制用”篇是持家方法，提出了一套完整的管理制度，把家族看作是封建国家的缩影。这个家族制度的最高原则，是使财富“长宜子孙”，也使家风“子孙可守”，从而“家可长久”。这是中国农村地主乡贤的置业理家之道，维持了千百年用来族人的将养。“夫事有本末，知愚贤不肖者本，贫富贵贱者末也”，即是说凡事都有本末，虽然经商致富很重要，但培养贤能的族人仍是治家之本，不能舍本逐末。清人张英在《恒产琐言》一书中，赞陆氏治家过日子之详尽：“古人之意，全在小处节俭。大处之不足，由于小处之不谨；月计之不足，由于每日之用过多也。”

许多从陆氏家族中走出的经商致富的商人，由于受到家族的支持，在“重本思源”思想的指引下，积极实施商业辅助，将其经营的一部分利润反哺所在的家族，不遗余力地支持家族的各项事务，如扶助族亲、修谱建祠、修建道路、赈济灾民及参与其他公益事业等。其回报家族、支持家乡发展的积善行为，为维护自身及家庭成员的长远利益提供了有力的保障。

尤其令人称道的是，陆坊人重儒不轻商，重男不轻女。这数百人口的地方书院就有5所，儿童不分男女都能接受教育。村里族人中如果孩子读书缺钱，家族会及时给予帮助，鲜有孩子因无钱而辍学。此举使得村民崇书尚读，不少人走上仕途。他们当中，为官者有政绩，为文者有声名，其事迹均被载入史册，成为族人的骄傲。陆氏“诗书乡里，孝友传家，贫不苟取，富不骄奢”，志行端方之士层出不穷。自建村以来，民风淳朴，村民亦耕亦读，孝义为先，尊师重教，诗书传家，因此人才辈出，文化底蕴深厚。他们恪守睦宗亲和乡邻、督学戒骄、勤务本业、怜孤恤贫的族规家训，世代合居，敦睦相处之风相沿至今。据载，陆坊村数百年来文运昌盛，崇书尚读，儒风代起。

陆氏素以忠义闻名，“忠”“孝”二字被写入陆氏家规。陆贺扶危济困，“深得民心，民爱之如父母”。陆氏兄弟见贼寇四起致民不聊生，出资创立陆氏义社，聚子弟数百，抵御金兵入侵，保卫乡邻。因屡获功勋，朝廷特赐镌刻“恩荣”二字的“忠义世家”牌坊一座，以表彰陆氏义举。陆氏倡导的“忠孝为先”思想和义举深深地影响着后人，陆氏后人遵循“孝为百行之先”的处世原则，千百年来，每家以之启蒙教育孩子，使得“孝友传家”代代相传，内化为该村的文化精髓，孝子、孝女、孝妇代不乏人，从未发生过儿媳虐待老人之事。陆坊人还乐善好施，只要条件允许，必会为乡邻和他人提供方便、施予援助，这种乐善好施的美好品德传承至今。

总之，从陆氏本末有序的家规家法中，我们能感受到传统宗族可仰可师的风貌、风度和风采。陆氏家族家规森严，完全依照古代的儒家宗法制度教育、训导族众。陆九渊从小就被这样的环境所熏陶，据《陆九渊年谱》载，“事继母与诸兄曲尽孝道”。陆九渊三岁时生母饶氏就因病去世，由继母邓氏和长嫂彭氏抚育成人，他对待继母和几位兄长都极为孝顺和尊敬，为乡人所称赞。陆氏家族的家学将历朝统治者所提倡的儒家“孝悌忠义”等伦理道德的理论予以深化，并在陆氏家族的日常管理中加以践行，从而获得巨大的成功。

第二章

青少年时代的陆九渊

陆九渊从小聪慧异常，敢于突破常规，形成了勤学好问、善思好辩的读书习惯。他四岁就思考“天地何所穷际”；八岁质疑《论语》中的瑕疵，敢于挑战权威并提出自己的见解；十三岁到疏山寺苦读，悟出“宇宙便是吾心，吾心即是宇宙”的思想；十六岁为国事担忧，决定剪掉长指甲，弃文从武，并挥笔写就气势雄伟的《大人诗》，渴望建功立业；十九岁协管家务三年，为后来管理书院、治理地方等积累了丰富的经验。

第一节　义居世家出神童

北宋末年，宋廷统治不力，内忧外患，社会动荡不安，神州大地战火纷飞、生灵涂炭。虎视眈眈的金国攻入中原，掳走了北宋的两个皇帝——宋徽宗赵佶、宋钦宗赵桓。是年五月，康王赵构在河南商丘登基称帝，改年号为建炎。绍兴八年（1138），宋廷正式迁都临安（今浙江杭州），建立了偏安小朝廷，史称南宋。南宋朝廷一方面与金国展开战争，另一方面妥协求和。

宋高宗绍兴九年（1139），宋高宗赵构和宰相秦桧苟安卖国，暗中向金国求和。和议成功，南宋向金称臣，南宋每年向金国进贡白银二十五万两，丝绢二十五万匹，并害死了抗金英雄岳飞。这个偏安一隅的南宋朝廷不思进取，南宋国民的生活状况极为艰苦恶劣。

这时的江南西道抚州金溪县境内有一个山村，名字叫青田里。青田里三面环山，古溪淙淙，西面有一条金溪通往贵溪的驿道。就在这群山环抱、风光绮丽的青田里，繁衍、生活着一个庞大的家族，这个家族便是陆氏家族。这是一个独具特色的“义族”，与外面的世界少有往来，自耕自足地劳作，波澜不惊地生活，无声无息地繁衍。

在这个穷困危难、民不聊生的非常时期，战乱中的金溪县表面安静，实际上也是人心惶惶。经济条件并不算富裕的陆家又添丁生子，这本来是件喜事，可面对国家的危难、家族的负担，老年得子的陆贺根本高兴不起来，以至于亲朋好友前来陆家道喜的时候，五十多岁的陆贺只是无可奈何地叹气：“家无阿堵物，门有宁馨儿！”所谓“宁馨儿”，是宋代人一种常用的口头语，就是“不幸的家伙”的意思。

更让陆贺发愁的是，孩子的生母饶氏，原本身体就孱弱，再加上高龄生育，这个孩子一降生就没有奶水喂养。因为饥饿，孩子日夜啼哭。多子多福的传统观念，使陆贺百般疼爱这个小儿子，然而妻子体弱多病，能否将这个小生命抚养长大的忧虑时刻萦绕在老父亲陆贺的心间。邻村有个家境颇丰而膝下无嗣的老庄主找上门来，表示要将刚出生的老六过继到他家继承家业。正当陆贺夫妇犹豫不决的时候，长子陆九思得了儿子陆焕之，其妻奶水充足。善解人意的陆九思体察到父母的难处，便与妻子彭氏商量，可否做六弟的奶娘，温柔顺从的彭氏便高兴地答应了陆九思的建议。就这样，刚来到人间的陆九渊，便由嫂嫂抚养，陆贺和饶氏的担忧得以顺利排除。陆九渊也得以在这个和睦温馨的文化大家庭里快乐地成长着。

陆贺饱读诗书，给儿子取名非常讲究，都具有深层的文化意蕴。据陆氏族谱记载，陆氏字辈世次分别是“道九之辅士，文庭承理学；孝思德万鸿，儒连启世光”。“九渊”二字乃取自西汉贾谊的名篇《吊屈原赋》“袭九渊之神龙”。据说，大地上的深渊有九种，中国人是龙的子孙，在深渊中有神龙居住。战国时楚国大夫、爱国诗人屈原投汨罗江报国，贾谊认为屈原的品德、才智都可以和神龙媲美。陆九渊这个名字，就反映了做父母的望子成龙的愿望。

陆九渊后来的成长，与他的五个兄长有密切的关联。这里将五个兄长的基本情况作一简单介绍。

大哥陆九思，字子强，曾乡试中举。后因父母老迈，需治理家业，一直未能入仕为官，晚年被恩赐从政郎。陆九思作为一家之长，负责居中统筹协调陆氏家族大小一切事务，具有丰富的治理家族的经验。陆九思后来将这些经验撰写成《家问》一书，希冀能为后人管理家族提供参考或借鉴。南宋著名的思想家朱熹曾为《家问》作序，认为该书是长辈对晚辈的谆谆教导，语气诚恳亲切，是家族管理方面难得的佳作。

二哥陆九叙，字子仪。陆九思为陆氏家族的发展殚精竭虑，甚至牺牲了个人的仕途，陆九叙亦然。陆九叙主要负责陆氏家族的理财，他善于“治生”，开源节流，主要替家族打理药肆，这些利润也成为家族财源的主要渠道之一，为家族的复兴提供了经济支撑。他精打细算，应付一个家族的日常开销，陆九渊曾坦言“一家之衣食百用尽出于此”。陆九渊等弟兄外出游学访友，都由陆九叙提供充裕的钱财。陆九叙解决了全族人的温饱问题，为几位弟弟读书做官、成名成家做出了巨大的贡献。

三哥陆九皋，字子昭。他给自己的书斋取名叫“庸斋”，学者称他为“庸斋先生”。他“少力学，文行俱优”，小时候学习极为勤奋，他的学问文章与个人道德都很优秀。据说他白天背诵经史文集，晚上读史册，不读完最后一页决不休息。年过三十的陆九皋获得参加乡举的推荐，但是未考中，于是在家塾中授徒，是几个弟弟的启蒙老师。他文才、品质兼备，为家族培养了大量人才。南宋时期书院教育较为发达，鄱阳许氏的桐岭书院听闻他教书有方，便延请他到书院任教，“率诸弟讲学，从游者多有闻”。淳熙十四年（1187），江西境内遭遇多年未遇的旱灾，乡民受灾极为严重，县令挑选在乡里有声望的人担任乡官，陆九皋名列其中，全力主持赈灾之务，以钱物救济贫苦或受灾的人，老百姓都很感激陆九皋的恩德。陆九皋一生教书育人，晚年得到一个修职郎的从八品闲散官职。

四哥陆九韶，字子美。他从小就热衷于研究经史，品学兼优，通《易》善弈，稔于音律。他有个比较好的习惯，就是在晚上记录自己白天的一言一行，审视自己是否犯了过错。陆九韶知识渊博，精通琴棋书画，但却耻于读书人应举为官的行为。他指出，国家设科取士，导致许多读书人连做人最基本的礼义廉耻都丧失了，因此他主动断了博取功名的念头，到离家不远的梭山隐居，自称“梭山老圃”。

陆氏家族十世聚居而不散，他“以训戒之辞为韵语”，用诗歌的形式撰写了训诫家人的唱词。每天早晨，一家之长率众子弟谒先祖祠之后，擂鼓三通并集体朗读歌词，排队恭听。这些歌词蕴含“顺从天命，孝悌忠义，辛苦劳作，勤俭持家”等朴素的道理，子弟犯了过失，家长当着全族人的面教训他；如果他不改正，就鞭挞他；始终不改，无可救药者，就逐出宗族赶他远走他乡。陆九韶潜心研究学问，著述颇丰，著作《梭山集》存留于世，影响深远的有《解经新说》《陆氏家制》。

五哥陆九龄，字子寿，世人称为“复斋先生”。他小时候就非常聪明，善于独立思考，而且言行举止很端重。在他十岁时，生母饶氏因病离世，他非常哀伤悲痛，竟然如成年人一般憔悴。他谨言慎行，不像同龄人那么热爱玩耍吵闹。因为他考中秀才时成绩优异，被选拔为抚州郡学中的“生员”。陆九龄在郡学就读时，适逢奸相秦桧执政，新到的教师在郡学内大肆宣讲黄老之学，却不讲儒家的礼法等知识内容，他非常愤慨地退学返家，道：“老师讲的这些内容并不是我想要学的。”回到家之后，陆九龄跟随父亲及兄长们求学问道，彼此间切磋学问。凡是有人来向他请教的，陆九龄来者不拒，特别耐心地与来者进行交流，务必使求教者满载而归。

乾道五年（1169），陆九龄高中进士，初授迪功郎、广西桂阳军教授（学官名），后改任兴国军教授。陆九龄到兴国赴任，他主要负责教导生员。兴国地处江西中南部，该县民风彪悍且吝啬成性，百姓的生活很艰苦且缺乏教化。陆九龄一到任便严格要求生员务必遵守县学的学规，整顿衣冠，使兴国当地的不良学风为之一清。陆九龄在任不到一年便逐渐改变了当地学风、民风，达到了化民成俗的目的。后因继母邓氏病逝离职返家守丧。

淳熙七年（1180），陆九龄守孝期满，升迁为全州（今属广西桂林）州学教授，但还没来得及赴任便病倒了。起初他得了“寒热之疾”，即时冷时热的疟疾，接着转为痢疾，服药无效，延绵数月，形销骨立。虽然卧病在床，但每有客来，必整衣冠，端坐待客，言谈间每以人才的培养和对后辈的教诲为念。离世当天上午，他与客人对话，还念念不忘学术研究和培养人才。到了晚上，他整理好衣襟和须髯，仰天正卧，两手叠于腹部，不复言笑，在安宁与尊严中走向了永恒，年仅四十九岁。后来朝廷追赠陆九龄为直秘阁、朝奉郎，谥号“文达”。吕祖谦评价陆九龄，大意是：“他的志气很大，脚跟也落在实处。他做学问，如果发现离真谛很远，即使要爬九仞高山也不敢停步；如果察觉有丝毫的偏离真理，虽然成了万人的表率也不敢满足。吸取公众的智慧和自学并重，不达到炉火纯青的地步，他决不轻易宣告成功。”

这五位兄长，对弟弟陆九渊的成长产生了不同程度的影响。陆九渊曾从学于陆九皋、陆九韶、陆九龄。特别是年岁与其相近的五哥陆九龄，对陆九渊的影响最大。陆九渊与陆九龄两人关系最亲密，“相为师友，和而不同”，被后世学者称为“二陆”。

第二节 神童“问天”，巧解《论语》

在中国思想史上，那些有重大成就的思想家、哲学家的生命历程中，大都发生过许多奇异的故事。这些故事虽然大都有神秘色彩，但也在一定程度上反映了先哲少时的聪颖。

陆九渊从小就聪明好思，少年老成，是一个早熟儿童。《陆九渊年谱》记载，小时候的陆九渊求知欲特别强，常向陆贺问各种稀奇古怪的问题，让父亲头疼不已，疲于应付。他在四岁时就向父亲提出“天地何所穷际”这一问题，这是数千年来中国哲人先贤都难以回答的问题，因而被乡人誉为“神童”。

陆九渊从小聪慧异常，据《陆九渊年谱》记载，父亲陆贺口授以书，入耳辄不忘，随父读古诗至数百篇，“琅琅成诵”。陆氏家族设有家塾，村中适龄少年均可免费入学，琅琅读书声传遍全村。绍兴十三年（1143），五岁的陆九渊就发蒙读书，拜过了孔夫子神位后，跟着三哥陆九皋在私塾里读书。大凡人杰，小时候读书都是异常刻苦的。五六岁的小孩，一般是乳臭未干，稚气未脱，但陆九渊与一般儿童迥然不同。个头矮小、体型瘦弱的陆九渊在村塾发蒙读书时，不喜欢与孩童嬉戏玩耍，行为举止端庄有如成人一般。“常自洒扫林下，宴坐终日。立于门，过者驻望称叹，以其端庄雍容异常儿。”他总喜欢一个人坐在某个角落静思冥想，喜欢向大人提问一些稀奇古怪的问题，常问得别人不知道怎么回答。他唯一的伙伴便是那一摞摞的线装书。陆九渊平常读书，从不轻易放过任何疑难问题，还特意将孔子与后学的著述加以区别，以便查阅和做比较分析。读书时，陆九渊表面看似闲暇，但在阅读的过程中，他一直都在苦苦思索书中的奥秘。陆九渊一直保持着这个良好的读书习惯，逐渐形成勤思、好问、辩论、独立不苟的习惯。

由于深受父兄尚学的影响，陆九渊从小就发自内心地喜爱读书，白天手不释卷，到了晚上依旧燃灯苦读甚至通宵达旦。老父亲陆贺担心陆九渊读书过于勤奋，影响他的身体健康，就想出一个法子——控制他的灯油使用量。然而陆九渊却暗中偷偷去买灯油，经常苦读至深更半夜，后来陆贺发现了这个秘密，并及时制止他的这种疯狂行为。据史料记载，陆九渊为读完一本书独守孤灯，由于太疲乏了，不知不觉趴在书桌上睡着了，在睡梦中挥手将油灯熄灭还浑然不觉。父亲陆贺半夜醒来发现陆九渊的床上没人，又看到书斋没有灯光，于是慌忙叫家人打上灯笼四处找寻，最后才发现他和衣伏在书桌上睡得正香甜呢。

聪慧的陆九渊从小就表现出丰富的想象力，敢于突破常规，经常缠着大人揪着问题刨根问底。四岁的陆九渊跟随嫂娘乘车走在乡间的小道上，他依偎在嫂娘的怀里，秀眉下一双亮晶晶的慧目仰望着前方。前方有一座巍峨的大山挡住了小道。于是，天变小了，地变窄了，天地似乎已经到了尽头。当车轮碾过这座大山，眼前竟又是一马平川，天又变得高远了，地又变得广阔了。再走，地更阔，再行，天还远……年仅四岁的陆九渊开始思索，一个高深的问题从小小的脑海里冒了出来：天到底有多大呢？

带着脑海中的问题，回到家中已是晚上，他又站在墙根呆呆地望着浩瀚的星空。一连几天，他都呆望天空，陷入了沉思。终于他的反常引起了陆贺的注意，这也让陆九渊眼前一亮，因为他时常看到父亲手不释卷，更知道父亲知识渊博，父亲一定能圆满地解答他的疑问。于是他拉着父亲的衣襟问道："天有没有边沿？地有没有尽头？星星的那边是什么地方？"毫无思想准备的陆贺又惊又喜。原来楚国大夫屈原早在一千四百多年前写下了《天问》，提出了一百七十多个问题，唐朝大文豪柳宗元曾写出《天对》，但是也没能将这些宇宙的奥秘讲述清楚。谁能料到一千四百多年后，这个四岁的小孩又一次来"问天"！尽管陆贺饱读诗书，但也无法回答这个千古难题。他只好含糊其词地回答："这个问题太难、太深，我也不知道。"陆九渊又问道："天上面有些什么呢？地下面又有些什么呢？"招架不住的陆贺只好敷衍道："没有人告诉过我这个问题的答案，因此我也无法解答。"陆九渊望着无言以对的父亲，更加怅然了。

从此，陆九渊又重新陷入了苦苦的思索。白天，他面向那座玉屏风似的道义峰默想，对着那条碧飘带似的青田河沉思。他常常忘记回家吃饭，就是家人喊他进食，他也只是应付般地吃上几口饭，便又去苦思冥想了。老槐树下的那块石板成了他固定的座椅。夜里，他望着天上闪烁的繁星凝思，望着桌上摇曳的油灯苦想。于是，他在夜里辗转反侧，无法入眠。由于久思不得其解，陆九渊的身子更加瘦弱了。疼爱他的父亲于心不忍，只好严厉地呵斥他。然而，缰绳束缚不了野马的奔驰，这颗神奇的童心仍在苦苦地思索着。

夏天傍晚的青田里聚满了纳凉的族人，嫂娘给孩子们讲“义井八卦”的传说、老槐树长寿的奥秘等故事。听完故事后，陆九渊又问起了在父亲那儿得不到答案的问题：“天的边沿在哪里？”嫂娘说：“天没有边沿！”他又问：“星星的那边是什么地方？”嫂娘说：“星星的那边是星星居住的地方！”陆九渊终于露出了笑容，虽然嫂娘的回答并不是什么答案，但这种回答已经让陆九渊很满足了。

直到十三岁的那年，陆九渊跟随五哥陆九龄在疏山寺苦读，在读许忻所赠的古书时，这个困扰心中长达九年的疑难困惑，经过多年的勤学苦思，终于找到了那个苦苦探寻的“钥匙”。

有一次家里宴请宾客，到访的客人都是簪缨士绅。陆贺命八岁的陆九渊穿上一件华丽的大红箭袖衫出堂作陪。等父亲走后，他对着铜镜一照，不由得眉头一皱，赶忙换掉。到堂上，他依旧穿着那套干净整洁的对襟白绸大褂和玄色裤子，显得黑白分明，朴素大方，既无夸饰的嫌疑，又无炫耀的轻浮。他漫步向前，向长辈一一含笑作揖问安，彬彬有礼，举止不俗。客人们一见陆九渊，便交口称赞。

陆九渊的才学人品早已誉满乡里，可是一位远来的客人却似信非信。他询问陆九渊近期都读了什么书，陆九渊回道："愚侄正在读《论语》，请世叔多多指教！"客人乘兴说："那好，请你背出'有子'三章。"片刻，陆九渊就将"有子"三章一字不落地背诵完毕。客人继续问道："小相公，你既然如此熟悉，那能否阐明'有子'三章的来历和要旨呢？"

陆九渊沉着冷静地应答："有子名有若，字子有，他是孔圣人的弟子。圣人仙逝之后，学问做得最好的就数他和曾子。有子的许多观点大多是重述圣人的思想。'有子'三章放在开宗明义第一章，是非常重要的。首段主要讲'仁之本'，教导世人孝顺父母、顺从兄长。第二段讲'礼之用'，教导世人如何使人的关系变得更加和谐。第三段讲'信与义'，教导世人为人处世要遵守信义。这些都是做人的基本要求。"说得满堂客人频频点头、赞不绝口。

陆九渊意犹未尽，继续说道："令我觉得惋惜的是，仔细推敲，便发现有子的思想过于支离破碎，而且用词也不甚严谨，不太符合孔夫子原有的思想！"这番话语惊四座，客人们面面相觑。

看到这样的场景，陆九渊似乎很是得意，他继续补充道："历史上曾发生过许多犯上作乱的例子，其原因特别复杂，因而不能一概而论，要予以区分。王莽以外戚的身份篡权，属于不忠不义，但他非常孝顺老母亲，而且尊敬寡嫂。汉高祖刘邦得了天下，特意在京城按照沛县老家的式样建了一条街，接他父亲到长安居住，这不是标准的孝子吗？由此可见，如果讲孝讲悌，夹杂犯上作乱，实在是支离！说礼说义，又扯上与自己关系亲近的人，实在是破碎！这样的话怎能相信呢？它符合孔圣人的原意吗？孟子说的武王伐纣，是诛杀一个毒夫坏蛋，不能叫犯上，和有子说的完全不同。”

一席话，使得满堂客人大惊失色，目瞪口呆，大家都为陆九渊的博学和严密的思辨能力所折服。八岁的孩童竟能洞若观火，指出《论语》的瑕疵、缺点和不足，实在闻所未闻、名不虚传。

第三节　疏山寺苦读

在中国古代，读书是普通人获得社会地位、得以升迁的主要途径。因此，哪怕是家境一般的家庭，也会尽力送孩子到私塾读书，或者请名师授学。

在北宋，金溪县黄通方家也出了个神童，名叫方仲永，五岁便能写诗。由于方仲永的父亲愚昧无知且生性贪婪，便带着方仲永到处参加宴会，简直风光无限。由于方仲永没有得到培养，到了十七八岁时，便和普通人没有什么区别了。王安石听到这件事，又亲眼见到变得迟钝的方仲永，感慨万千地写下了千古名篇《伤仲永》。

陆九渊成了远近闻名的“神童”，陆贺满心欢喜，然而内心也充满了担忧。陆贺吸取了《伤仲永》的教训，陆家近百年无人做官，报效国家，像陆九渊这样聪明的天才，不好好栽培的话迟早也会“泯然众人”。

陆贺虽说是儒生，但晚年信佛，深受佛教影响。他和疏山寺住持允怀长老关系很要好。允怀长老出家之前也是陆氏子弟，他特别喜欢聪慧的陆九渊，多次夸赞陆九渊天资聪颖，迥异常人。陆家经常来往疏山寺，接济给疏山寺不少钱财和香火。允怀长老经常对陆贺说：“你那老六天分极高，聪明早熟，将来定有出息。”于是他向陆贺建议，让陆九渊来疏山寺读书。于是，陆贺做了一个决定，将陆九龄和陆九渊兄弟俩送到疏山寺允怀长老处读书。

浒湾镇是赣东数县粮食、纸张、木竹等主要商品的集散地，自古舟樯林立，商贾云集。它位于金溪与临川交界之处，水陆交通都非常便利，有抚河、官道穿境而过，吸引全国各地的商旅在此集中。浒湾镇的刻板印刷业异常发达，并形成一条著名的书铺街，书籍和木刻年画畅销全国，史称“江西版”，“籍著中华”达数百年。

一年四季，热闹无比的码头，渡口上商贾云集，宽阔的抚河波光粼粼，水鸟翔集，一艘艘帆船或逆流而上，或逐流而下，使这条千年水道繁忙且富有生机。浒湾镇地形北高南低，布局合理，四周青山碧水，视野开阔，风景秀丽，山川形胜加之气候温和，物茂粮丰，处处弥漫着清净欢怡的田园意韵。得益于水路交通畅通之便，河畔设有河运码头，加之景色优美，附近又有名刹古寺——疏山寺，吸引无数乘船游客和过往行人来此观光游玩。于是，当地村民开始建设店铺，亦农亦商，农商并重。

据《疏山志略》载，唐宣宗大中年间，官员何仙舟因被浒湾疏山的景致所吸引，于是弃官隐居，在疏山结庐兴建“仙舟书屋”，后人因而称此山为“书山”。后来有个叫吴熊的人从南方途经疏山，因爱其地而定居下来，此地遂称“疏山庄”。

时年有一矮僧（因个子矮小）自山中出，他每餐进斗米而不饱，多次化缘乞食于熊公。吴熊使人视之，“僧坐石上，雨旸不沾其身”，熊公甚异之。后此僧复求熊公舍他一袈裟之地以安禅建寺。熊公心想：“一袈裟之地”能有几何？遂许之，且应僧之请，立字为据。孰知交接划地之日，矮僧抛掷袈裟飞升至天空，化为白云覆盖了吴氏疏山庄的屋宅、田地、山塘。熊公大为惊异，然古人重然诺，建寺礼佛亦为功德善事，熊公遂一并施与僧人，于是熊公乃率族众迁至岭东北麓的“疏溪坪”定居。此后，这里人才辈出，科甲鼎盛，到明代便发展成大族。因吴氏先祖的慷慨大度，疏山寺获得了吴氏疏山庄的全部山林田地，建起“白云禅寺”。在名士眼里，这里是“书”；在禅师心里，这里是“佛”。书与山相衬，佛与山结缘，颇含文化内蕴的神秘传说美化了香火旺盛的白云寺。到五代十国之一的南唐时，白云寺改名为“疏山寺”。

疏山文化底蕴由此积淀深厚，古往今来，群贤往来无数，留下了大量的美文佳诗、宏章丽句、民间故事等，成为临川文学中的瑰宝。疏山寺山门前刻有楷书门联“野渡无人流水急，疏山有主白云闲”，历来为文人墨客所称颂和推崇。北宋时期数名皇帝都曾亲自为疏山寺御笔题写匾额，名士王安石、曾巩等也曾到这里游览，并留下优美的诗句。

就这样，刚满十一岁的陆九渊跟随五哥陆九龄来到疏山寺。临别之际，陆贺反复叮嘱，要兄弟二人严守寺里的清规戒律，并让陆九龄教导弟弟，且对他们的读书内容也有要求：“六经”之内可以参阅，其他书不准乱翻。之所以如此要求，是因为陆贺将青田陆家科举仕途的希望都寄托在了兄弟二人的身上。

允怀长老有一个别室，位于寺庙的东侧，匾额上书“潜省居”。陆九渊一看，便心领神会。此斋正合陆九渊之名：九重之渊，深也；沕深其中，潜也。

晨钟暮鼓，粗茶素食，不知不觉，时间一晃就过去了一年。寺里的生活既清苦又单调，但陆九渊却感到很充实，因为有书可读，有高人可交往。比陆九渊大七岁的陆九龄，成了他的“辅导老师”。有几次，陆九渊向五哥陆九龄提出可不可以读“六经”之外的书，陆九龄没有答应，说父命难违。

当时的“六经”，是读书人的必修课。西汉时，董仲舒向汉武帝建言，推行“罢黜百家，独尊儒术”，将历代一些有思想的诸子百家的书都禁了，不准出版和攻读。唐、宋袭用了这种办法，虽然民间流传许多书，但一般的读书人家是不敢公开让子弟读这些“异端”书籍的，如果那样做的话，将会遭到别人的耻笑。什么叫“异端”？当时多数人把佛教与道教合称“佛老”，认为它们就是异端邪说。陆九渊问：“孔子曾说攻击异端，可是佛教当时并没有传入中国，而老学那时又没有得到传播，孔子究竟指什么为异端呢？‘异’和‘同’是相对的，‘端’是‘底’的意思，即便是共同求学于圣贤，倘若学问根底不同，虽貌似孔孟，它还是异端；倘若学问根底相同，即便来自野蛮落后之地，也不能叫它‘异端’！”随着佛教传入中国并逐渐盛行，儒学逐渐衰弱。唐朝著名的文学家、思想家柳宗元主张开禁，吸取百家之长，融合佛道思想精华，改造和挽救儒学。于是，一种新儒学——理学在北宋应运而生。

疏山寺每天傍晚敲鼓，震动了书房的窗棂薄纸，陆九渊的心也陡然如鼓，随之震动，他情不自禁地放下书本，豁然有觉。他问陆九龄听到鼓声的感觉，陆九龄答道：“晨钟暮鼓天天如此，无非告诫世人，早上切莫贪睡而沉湎梦里，晚上切莫安逸而松懈散漫。”陆九渊则说这些咚咚鼓声像收复河山、北伐中原的铮铮铁骑。“国家破碎，只剩半壁江山，异族入侵，所见流离亡命。这种偏安一隅的局面，起初还有许多人振臂高呼，厉兵秣马，可久而久之，便习以为常，照旧歌舞升平。这种偏安能安吗？居安思危，何况现在本就危如累卵，若再不警醒，再不图强，恐怕连半壁河山都会丢掉！”年仅十一岁的陆九渊字字有力，掷地有声，忧国忧民之情溢于言表。

十三岁的陆九渊在疏山寺苦读时，遇到了对他颇有影响的名士许忻，而能与许忻结识还要归功于陆九龄。许忻是开封府拱州（今河南睢县）人，富有学识，家中有藏书万卷，内容涉及皇家历代文献、诸子百家、阴阳星历等。南宋高宗时，许忻官至吏部员外郎，后因得罪秦桧，被贬谪抚州。因此，空有报国之心的许忻淡泊世事，闭门读书，不再见客。正处在求知时期的陆九龄，立志要广交天下奇士，以图报效国家。他数次到抚州要求拜见许忻，却都被拒之门外。陆九龄在许家门口唱了三天《诫子弟词》，最终打动了许忻，并亲自接见了陆九龄。由于交谈甚欢，许忻当晚便留陆九龄联床夜话。

许忻和陆九龄结识后，非常欣赏陆九龄的才学，两人友情渐深，结为知己。自从退居抚州后，许忻天天与书相伴，以书为友，把书看得比自己的生命还宝贵，任何人都不准踏进他的书房。他对陆九龄说：“这些典籍是我的祖传之宝，只可惜家门不幸，子侄都不是爱书之辈，实在惭愧。父亲临终之时交代，如果这些书在家门之中传不下去的话，就应该到全国各地去找可将这些藏书继续传承下去的归所，并说有缘无缘书山见。但是，书山在哪儿呢？”陆九龄脱口应道：“书山倒有一个，就是金溪县的疏山寺所在地。在唐朝的时候，隐士何仙舟在这里读书，后人称这座山为书山。”许忻大喜，遂决定把家中的藏书捐赠给疏山寺。正在疏山寺读书的陆九龄、陆九渊自然获得了大开眼界的好机会。

许忻见到“神童”陆九渊，便发现这位少年虽然瘦弱文静，但天禀秀气，一双炯炯有神的眼睛闪烁着聪慧的光芒。许忻以长辈的口吻询问他在疏山寺的一些生活情况，陆九渊从容回答，显得端庄文雅，落落大方。接着又问了一些关于“四书”“五经”的问题，陆九渊都对答如流，表达自己独特的思考方式。“神童”果然名不虚传。

陆九渊看到许忻的赠书惊呆了，竟然有这么多的书！许忻似乎看出了陆九渊的惊喜，便问他：“你喜欢这些书吗？”陆九渊不假思索地回答：“喜欢，看到这些书，我就像河伯看到大海。这些书像浩瀚的海洋，我可以自由地遨游。”许忻说：“太好了，愿你早日成就圣人境界。”陆九渊向许忻深深鞠了一躬：“感谢先生的鞭策，我只追求最高的道德，不问得失。请问先生赠的宝籍中有没有《河图》《洛书》《洪范》？”许忻反问道：“子静说说看，这三部书有何可学？”陆九渊毫不畏缩，侃侃而谈：“伏羲依《河图》画八卦，周文王推八卦合《河图》，大禹得《洛书》列出了九畴，箕子得九畴传下《洪范》。这三部书是研究中国古代政治的重要文献，自秦始皇焚书坑儒之后，民间已经绝版了，甚是可惜！”许忻笑着告诉陆九渊：“不仅你说的这些古书都有，还有《淮南子》《尹文子》

《尸子》，甚至《佛经》《道藏》你都可以研读，愿你从中获得知识和智慧。”十三岁的陆九渊兴奋得一晚无法入睡，他在整理许忻先生的赠书，计有三坟五典、八索九丘、兵书韬略、诸子百家，以至天文、星历、卜筮、地理、佛经、道藏以及当时难得的孤本绝版，还有南渡后散失的官家文献。

寺院的钟声响起，许忻早起看到隔壁的潜省居书房还亮着烛光，透过窗棂，看见陆九渊伏在书桌上酣然入睡，手里还拿着《尸子》一书。许忻没有叫醒他，蹑手蹑脚走进书房，只见桌案上摊着一张宣纸，上面写着几行楷书：“宇宙内事乃己分内事，己分内事乃宇宙内事。宇宙便是吾心，吾心即是宇宙。”自陆九渊打小时候问天穷际之后，这个问题一直纠缠着他，时不时在他脑海中呈现。他在翻阅许忻赠的书时，突然悟出“宇宙吾心”。他翻阅先秦典籍《尸子》，注意到书中对“宇宙”的注释——“四方上下曰宇，往古来今曰宙”——于是他悟出了“天地何所穷际”这个曾经困扰无数哲人智士的基本问题，得出了“人与天地万物，皆在无穷之中者也”这一天人合一的自然观。这是他思想认识上的一次飞跃。这次思想飞跃的重要意义主要有三点：一是陆九渊破解了这个曾经困扰过无数哲人智士的基本问题，得出了朴素的宇宙观形态。二是他悟出“宇宙内事乃己分内事，己分内事乃宇宙内事”的思想，认为人就当以天下为己任，应具有宇宙般的情怀，表现出博大而高尚的伦常境界，充分展示出一种义不容辞的主体责任感。三是为陆九渊以后的“心学”奠定了基础，后来他得出“宇宙便是吾心，吾心即是宇宙”的结论，进一步强调个体的道德伦理的普遍性和永恒性。在陆九渊看来，所谓的

"心""理"，是人所具有的善性与是非观念，故他又认定其应当永远完美无瑕，放之四海而皆准，无论是过去还是现在，抑或是将来。关于对宇宙问题的思索与追寻，是陆九渊"心学"思想的萌发过程，为他后来创建"心学"思想奠定了坚实的基础。

陆九渊对许忻道："我昨晚的觉悟，完全得益于先生的赠书。人与禽兽相比，其实就相差一点点，宇宙造化人实际上就是多给了人一颗心，正是这种道德之心使得人与禽兽区别开来。因此，人们终生探究的、实践的，都是宇宙内的事；而宇宙之事是无穷无尽的，所以人心也是无穷无尽的。这样，宇宙与人心都在无穷无尽之中。所以说，宇宙不曾把人与它隔开，而人如果自己要将自己与宇宙隔开，就会引起人心遭受蒙蔽的后果。因此，作为人，理应将宇宙内的事情当作自己本分之内的事情，把自己分内的事情当作宇宙内的事情。"

有一天，陆九龄正埋头苦读《程氏易传》，为程颐的"艮其背"注解所折服。恰逢陆九渊路过，陆九渊接过书，原来是"艮卦"一段，便仔细研读起程颐的注解："……艮其背，不获其身；行其庭，不见其人，无咎。"这都是"人欲"所致，如果没有"人欲"则不会这样。陆九渊略加思索，便摇摇头说程颐的解释要言不烦，用了一百四十余字解释仍没有切中要旨。陆九龄一听此话惊呆了，便询问陆九渊有何高见。陆九渊笑着说，他只要四个字就能解释清楚："无我，无物。"

陆九龄又惊又喜，继续要求陆九渊详细解释一下"无咎"二字。陆九渊娓娓道来："艮卦在《周易下经》中属第五十二卦。从卦形来看，两山兼备，即是亘象。艮卦既是止卦，也是凶卦，它的内涵特别丰富。就'艮'

字而言，有很、限、难、击等多个意思。就‘象’字而言，为山，为小石，为野径，为少意，人间的繁华富贵、生死祸福，都可以这般理解。假如你看到某个人的内心是丑陋的，就不必研究他的全身，只要我没有私心，我就不会和他发生冲突。见到一个热闹去处，不要羡慕别人的利益，只要自己节制物欲，就不会惹是生非。这就是无咎。”陆九龄听得张口结舌，许久才缓过神来，拍手称绝。他认为陆九渊的解释不仅简明，而且意义非常深刻。

从此，陆九渊凡遇事物，动有感悟。他这种好思好辨、不拘泥于古人的学术观点、敢于挑战权威并提出自己的思想见解的治学方式，为将来创建“心学”这一思想流派打下了牢固的基础。

第四节　立复国壮志

绍兴二十三年（1153），陆九龄接到郡庠的通知，要他回抚州郡学学习。陆九龄是郡庠生员，那时的“郡学”是国家承认学历的基层单位。陆九龄不能再当陆九渊的“辅导老师”了，于是陆九渊也离开疏山寺回到青田陆家。在疏山寺的三年间，陆九渊天天待在寺里苦读，很少踏出寺门。他对这里的一草一木，都是那么稔熟，充满了感情。此时的陆九渊身体虽然瘦弱，但风华正茂，玉树临风。

初夏的一天，陆贺带着众子侄到“云林三十六峰”之一的道义峰郊游踏青，这座山峰海拔四百多米，离青田村不远，站在峰顶可以眺望白马岭、文笔峰、四官山等。村庄附近的田野上，村民们正在耕耘，山涧清流激湍，山花飘香，疏林如画，山鸟叫得正欢。陆九渊走着走着，突然一动不动陷入沉思。陆九韶关切地问他在想什么，陆九渊回答：“你们在郊游，我在心游。”

山上有草庐可以歇息、打尖、吟诗优游等，陆九韶、陆九龄带着亲朋经常在此聚会、讲学、静坐。山巅有座寺庙，名曰金塔寺，始建于晚唐。众人在寺外觅得一处平地，席地而坐。陆贺兴致很高，说："如此美景，不可无诗。你们几兄弟就以'郊游'为题，各赋一诗！" 陆贺要求以诗言"志"，且诗中不能出现"郊游"二字，但必须要有个"志"字。兄弟们甚是高兴，多年来饱读诗书，今日面对美景都想露一手。近体诗经过唐朝的繁荣，北宋时期的诗词格律发展得更加严整。南宋刘渊编撰《壬子新刊礼部韵略》一书问世后，诗人用韵更加规范化了。宋朝人写诗，大都缺少唐朝那种开朗俊逸的浪漫主义色彩，多带有士大夫的书卷气味。

陆九渊抽到的是个"偕"字。"偕"字属于上平声里的"九佳韵"。作的诗除中间两联必须对仗外，还要注意平仄交错，韵脚合辙。二、四、六、八句的尾字都必须合"佳"韵，而这一韵只有55个字供选用，难度不是一般的大。陆九渊沉思片刻，文思泉涌，第一个完成诗作，诗曰：

讲习岂无乐，钻磨未有涯。书非贵口诵，学必到心斋。

酒可陶吾性，诗堪述所怀。谁言曾点志，吾得与之偕。

这首诗作形象地表达了陆九渊为学之方法与方向，是对当时学风之弊的针砭，属于其心学理论体系的重要组成部分。陆九渊的诗中用了两个重要的词语，一个是"心斋"，来自《庄子 · 人间世》；一个是"曾点志"，来自《论语 · 先进》。孔门七十二贤之首颜回向圣人请教什么是心斋，孔子答曰："所谓心斋，便是集中精神，专心致志，用耳听不如用心神去领悟，用心不如以气去聆听，唯有气才能容纳世上的一切，这个虚空便是'心斋'。"孔子让四个学生谈谈自己长大后的志向。三个学生都说要好好读书，学好本领后做官，治理国家。唯独曾皙的回答与众不同，他说：“读了书，得到知识懂得文明礼貌。暮春三月，换上春装，与志同道合的同窗到沂河里嬉戏，到舞雩台感受春风拂面，一路走一路唱着欢快的歌曲归家。”孔子听后大加赞赏，说做官不完全是读书的目的。

陆贺独尊儒学，是个非常正统的儒生，反对“异端”，对儿子们要求非常严格，批评道：“‘心斋’一词源于《庄子》，儒生吟诗怎么能乱用道教之语呢？”陆九渊解释道：“‘心斋’一词并无不妥。孟子的‘四端’说的就是人心。唯道集虚。做学问、治天下如能到达人心，不是很好吗？”陆贺说：“场屋之文，最忌乱用词汇。儒学是排斥异端的，还是不用‘心斋’这个词语为好。”陆九渊坚持已见：“历史上不少儒生的文章诗赋中都用过庄子的语言。父亲赐我的名字叫九渊，这是贾谊《吊屈原赋》中的词语；我认为贾谊就是吸取了《南华经》的文学语言写的。因为，庄子在《列御寇》中也说过：千金之珠，必在九重之渊。”面对陆九渊的辩才，众人只能折服。

陆九渊生活的时代，正值中原大地动乱之际。生活在南宋时代的人，大都怀有远大的抱负，比如岳飞、辛弃疾、陈亮等。陆九渊也不例外，自小就怀有大志向。十三岁的陆九渊挥笔写就“宇宙内事乃己分内事，己分内事乃宇宙内事”极具担当情怀、极具关怀意识的豪言壮语。据《陆九渊年谱》载，绍兴二十四年（1154），年仅十六岁的陆九渊“读三国六朝史，见夷狄乱华，又闻长上道靖康间事”。勤学好问和早熟的陆九渊少年气盛，为国事担忧。他和四哥陆九韶在槐堂论道谈心，畅谈研读“三国”“六朝”那段历史的体会，对北方游牧民族内迁时中原遭受的侵害痛心疾首，“吾人读《春秋》，知中国夷狄之辨，二圣之仇岂可不复！所欲有甚于生，所恶有甚于死，今吾人高居优游，亦可为耻”，言谈声调逐渐高昂激扬，最后竟拍案而起，把桌上的徽砚震落在地。正在隔壁房间静坐养神的陆贺，得知陆九渊被“夷狄之祸”激怒时，用低沉的声音告诉他：“有史以来，我们屡屡遭受蛮夷入侵，灾难深重而且历时最长的是六朝、五代时期。特别令人发指的是，如今金人不断侵扰我朝边疆，逼我朝廷进贡巨额金银财宝，霸占我北方半壁江山。康王被迫偏安江南，定都临安。”说着，陆贺情不自禁地老泪纵横，“这一奇耻大辱，至今没有雪洗。现在离徽、钦二帝被掳已过二十八载了，眼下奸臣当道，诛杀忠良，屈膝苟安，外敌贪得无厌，欲壑难填。别说恢复中原，就是剩下的东南一隅，也是岌岌可危，朝不保夕啊！”陆九渊紧攥拳头，泪眼圆瞪，牙齿咬得咯咯作响，平时苍白微黄的瘦脸充血红涨。最后，他双膝跪地，双拳捶头，心情无比悲愤：“此仇不报枉为人。贪图安逸枉做大宋的子民，与猪狗有什么区别呢？”于是，他立志要一雪“靖康之耻”，为大宋朝廷报仇。

陆九渊不思读书，决意弃文从武，学习骑射，以图报仇复国。对于他的这种习武报国志愿，父兄们态度不一，争论不休。疼爱陆九渊的嫂娘彭氏则担心他自幼体弱，恐怕难以忍受骑射之劳，建议他继续研习学问。陆九渊慷慨陈词：“金人掠我大宋疆土，掳我二圣，这深仇大恨怎能不报？大丈夫降生人世，追求的东西有超过生的，这就是义；憎恶的东西有超过死的，这就是耻。必要的时候，要雪耻洗辱而舍生取义。当今之世，有人高居在上，优哉游哉，把国家大耻置于脑后，这种怀安舍义的处世哲学，不是圣人所传。我虽然年少体弱，但决不做苟且偷安的书生，而要做报仇复国的义士。我决心从今日起，弃文从武，准备来日投笔从戎，奔赴驱敌复国的疆场。请父亲和诸位兄长、嫂娘谅解我意，成全我吧！”说罢，只见他拿出一把剪刀，将十个长长的指甲逐一剪落，大声说：“我的主意已定，天公可以作证。”南宋时读书人都有留长指甲的习俗，陆九渊也留有一副长指甲，每天用来翻书掀纸，抚琴作画，因此对多年未剪的长指甲很有感情，非常珍惜。如今他毅然剪去，可见其习武报国的决心已经坚如磐石。

大事既然已定，陆家便到处寻访武师教陆九渊习武。正在为找不到合格的武术教练发愁时，陆贺接到陆九龄的来信：“郡学中最近有一股不正之风，不少生员专谈‘黄老之术’，不学孔孟。学风不正，受益很少。我不想在抚州郡学蹉跎岁月，请求父亲批准我回家和兄弟们一起学文练武，共寻大道。”陆贺平生最反对“异端”，便果断回信同意陆九龄回家，并将陆九渊剪去指甲、决心习武的事一并告知，要他重新辅导六弟，既当“家庭教师”，又当“武术教练”，两副重担一肩挑。

陆九龄虽是儒生，可武功了得，尤善骑射。陆九龄回到家后，在槐堂接受了六弟的拜师礼。拜师那天，门楼下、村口和驿道旁挤满了观礼的族亲。之后，陆九龄察看地形，在离家不远处选好了骑马射箭场地，率众整理出一片平地当靶场。经过紧张的室内室外练功场地的准备，陆九龄给陆九渊讲授了一些习武要旨和弓马知识，然后带他到青田里附近的靶场，驯马挽弓。兄弟俩每天早出晚归，勤学苦练，不出半年工夫，天资聪慧的陆九渊已经基本掌握了骑射要领。陆九龄说：“学骑马也要践行。眼要准，耳要灵，肝要血旺，肺要气清，心要明正。”陆九渊补充道：“我记住了。

不过我觉得还是心正第一。只有心正，才能耳灵；只有心正，才能肝旺肺清。存心，是圣贤大智的第一要义。”

绍兴二十五年（1155），经过一年多的白天练习骑射，晚上认真苦读，陆九渊不仅学问上大有长进，身体也壮实了许多。以前陆贺总担心陆九渊的身体孱弱，现在心里踏实多了。

陆九渊关注了解不少国家大事，他虽一介布衣，但满腔热血，忧国忧民，因此，他常常闷闷不乐。陆九龄看出了他的心事，就开导他说：“笔头自有百万兵。”性格峻迈、不苟且人生的陆九渊听后返回书房，挥笔写出一首气势雄伟、抒发情感的诗歌——《大人诗》，充分表达他以天下为己任的宏伟志向。诗云：

从来胆大胸膈宽，虎豹亿万虬龙千，从头收拾一口吞。有时此辈未妥帖，哮吼大嚼无毫全。朝饮渤澥水，暮宿昆仑巅。连山以为琴，长河为之弦。万古不传音，吾当为君宣。

这首勇猛威武、振奋人心的诗歌震撼了陆九龄，他阅后不禁击节叫好，直夸陆九渊有凌云之志。从这首诗可以窥见陆九渊的崇高理想和敢为情怀，他鄙视虬龙虎豹，渴望为国建功立业，改变当时社会现状，他强烈的爱国热情和大无畏精神日月可鉴。

陆九渊提倡“堂堂地做个人”，在道义与利害面前，能始终保持“本心”。一个真正的人，应该是“为国、为民、为道义”的君子，而不是“为私己、为权势”的小人。假如道义与一己私利相冲突，可以毫不犹豫地放弃私利而保全道义，即使受到生命威胁，也决不放弃自己的原则。

第五节　掌家三年“执事敬”

两宋时期，商业在农业、手工业发展的基础上获得了前所未有的发展契机，得到了长足的发展，甚至出现流通全国的纸币——交子，对人们的生活带来了很大影响。由于深受晚唐五代的影响，北宋初期有不少读书人迫于生计，也在偷偷地进行经商活动，但经商在当时毕竟是不光彩的事，因而选择经商的人，大多数是不得已而为之。自隋朝大业元年（605）隋炀帝开始设置进士科，标志着科举制度的设立，无疑为读书人提供了一条进阶之路，然而这条路实在过于狭窄，能够顺利进入仕途的士人终究是幸运的少数。然而随着商品经济的迅猛发展，朝廷抑商政策愈发松动，越来越多的读书人开始放弃科举考试，弃儒从贾的现象越来越普遍。曾被士大夫所不屑的商人，到了宋朝已逐渐被士大夫所接纳，并以礼相待，更有部分士人亲自投身于经商逐利的行列之中。

到了南宋，部分士子由于仕途不顺，转行专门从事商业贸易经营者比比皆是。临安（今浙江杭州）人以善于经商闻名于世，据周淙《乾道临安志》载，临安人 “善于图利”，“习俗浮薄，趋利而逐末”。临安成为京师之后，顿时发展成为全国最大的工商业中心，城中从事商业经营的人数激增，这些经商的人中，甚至有些还是在学术上具有相当造诣的学者。有“武林陈学士”“陈道人”之称的陈起，宋宁宗时高中乡试第一名，后在临安城开书肆，主要从事编著、出版、卖书和藏书等业务，书铺所刻图书在当时负有盛名，流通古籍数万计。宋理宗时期的著名画家李东，擅长画民间风俗，尤其是描绘村舍田园等美景，经常在临安城御街出售自己的得意之作。《西湖老人繁胜录》载：“遇补年，天下待补进士，都到京赴试。各乡奇巧土物，都担戴来京都货卖，买物回程。”各地来临安应试的士人，借着进京赶考的时机，顺便从事一些贩卖物品的商业活动，以赚取路费补贴家用。从上述文字可以看出，南宋时期的经商氛围是何等浓烈，甚至形成全民经商的风潮。

陆九渊出生于一个传统的士大夫家族，祖上曾出过无数高官、学者，但传至陆九渊这代，他坦言：“家素贫，无田业，自先世为药肆以养生。”在时代的起伏中，陆氏家族还是不可避免地衰落了，不得不以经营药铺来维持生计。陆氏几兄弟都有参与家族管理的经历，且亲身参与生产，故而有很深的体会。由于陆氏家族数代同堂不分灶吃饭、不分土地财产，全族数百人共同耕作、共同饮食，由家长选择合适的成年子弟来轮流管家三年，轮到陆九渊管家之时，陆氏家族只能依靠药店和少量农田来维系日常生活，家族光景已呈现捉襟见肘的窘态了。然而对陆九渊来说，这次管家既是磨炼，也是将读书学到的理论与实践相结合的机会，同时也是在践履过程中增长才干的良机。管家三年，陆九渊自认为学问大有长进，

“某适当其职，所学大进”。

江西商人在中国古代被称为江右商帮，鼎盛时期经商人数众多、活动地域范围广，以讲究贾德而著称。两宋时期，随着经济重心不断南移，加上南方进一步开发，江西已逐步发展成经济文化发达的先进地区，人口众多，物产丰富，文化兴盛，使得江南西路经济在宋朝高居各路之榜首。景德镇陶瓷、进贤毛笔、铅山造纸等地方特产开始在国内享有盛誉，为商帮带来高额利润。于是江右商帮走州过府，多数商家随收随卖，经营的范围很广。江右商帮的经商模式多样，总体可分为三类：一是小商贩，二是商铺，三是家族商团。最常见的是走乡串村的小商贩，大多采用个体独立经营模式。商铺则是由父子、兄弟等合伙经营，这种模式合作关系的牢固稳定靠血缘关系来维系。数量最少且规模巨大的是家族商团，它涉及家族内部的分工、合作等庞大体系，有的从事生产，有的从事运输，有的从事销售，因而家族商团的成功必须仰仗家族的支持才有可能获得成功。陆氏家族从陆贺那代开始涉足商业，由次子陆九叙接手并有所壮大，虽然店铺经营规模不大，但也带有江右商人的显著痕迹。

“以农为本”的中国传统社会，学而优则仕的“官本位”思想根深蒂固。陆氏家族对族中子弟文教科举事业非常重视，如规定族人参加乡试的给予一定的物质奖励，并在祠堂中设有私塾、书院等供族中子弟读书。尊儒崇仕的氛围激发了乡人获取科举功名的热情，孕育了不少优秀人才。就算在近现代，陆坊知书达理、崇文尚德的风习依旧延续。

什么叫执事敬？据《论语》载，孔门弟子樊迟曾问圣人：“怎样做才是仁？”孔子回答：“日常起居要态度端庄，担任工作要敬慎认真，和人交往要忠心诚恳。即使到了未开化的蛮夷地区，也不可背弃。”“执事敬”主要是教导世人要端正工作态度、勤劳主动地投身工作，要对自己所负责的工作尽心尽力。孔子口中的“敬”，就是我们今天所说的“敬业”，要有一颗严谨细致的心，一丝不苟地完成工作。

陆贺精于治家，善于经营产业，着力农业，并利用山地及信河的交通经营草药事业，务农与经商结合，积累了一定家财。为保持家业，陆贺在充实家族经济生产的同时，充分利用儒家思想对陆氏族众进行教化，他“采司马氏冠昏丧祭仪行于家”，素以严谨的家教传统闻名乡里，使家人的言行都在封建礼法的规范之内。

陆家有个规矩，凡是成年的子弟必须轮流管家，掌库三年，熟悉柴、米、油、盐等，懂得生活的艰辛，从实践中增长才干。十九岁的陆九渊也协管家务三年，主要管田里的生产。陆九渊管家善于想点子，他认为治家必先治“心”，人的思想认识不提高，措施跟不上，怎么可能管好家呢？他在加强家庭成员思想道德教育的同时，注重“实学实事”，推出了一系列治生理财、开源节流的举措。他对薄书之学（即会计学）进行了认真研究，“理财正辞，古人何尝不理会利”。陆九渊从小就熟读并精通《汉书·食货志》《周官·考工记》等经济管理知识，甚至将《易经》的原理运用到管家理财上来。他对陆家所有人的衣食住行、四时八节、养亲抚幼、婚丧嫁娶、人来客往等进行了有序而稳妥的安排。特别是家中的田地耕作，他更是精心管理。

陆九渊家里有十多亩水田栽种水稻，在他管家的第一年因天旱缺水，他家稻禾枯黄矮小，稻穗有近一半是干瘪的。他问大哥陆九思是什么原因造成，陆九思告诉他由于今年大旱，导致年成不好，然后一直叹息人力在天灾下的渺小无力。陆九渊通过到周边其他庄户的农田进行实地观察和比较，发现金溪县大部分的水稻田都是浅脚田，而且产量特别低。其原因在于江西的夏天比较炎热，本来就容易发生旱灾，而浅脚田的蓄水功能较差，水分容易蒸发，一遇到普通的干旱，稻田就干裂从而导致减产，严重者甚至颗粒无收。陆九渊是个爱观察、爱思考的读书人，既然水稻是因为缺水导致歉收，如果能让稻田里多蓄水保水，是否能改善这一现状呢？于是陆九渊做了一个令人不解的举动，他命族人将家里所有的锄头都送到铁匠铺加长，打出了南方庄户人家少有的又长又大的镬头。到了春耕时分，别人家都是驱牛翻地，农田都翻得比较浅。而陆家翻地却很特别，陆九渊先让青壮年族众用镬头深挖，足足有二尺多深，然后再用牛拉犁深耕，使浅脚田变成了深脚田。由于深耕细作田浆深，哪怕遇到旱灾，陆家的水稻也不怕旱魃的威胁，长势非常好，秆粗茎圆，穗长粒多。到了收割的季节，陆家的稻谷黄灿灿沉甸甸，颗粒饱满，每穗有谷两百余粒，亩产是普通庄户的数倍，人们见了无不惊奇。于是人们都说："陆家世代书香，想不到种田也有学问，这是六相公管家的功劳！"不久，附近的庄户都纷纷效仿，用陆家耕作法种田。

深耕的好处对陆九渊的启发很大，后来他与门人弟子谈论作文时，常常批评一些人"专事速化不根之文"，意思就是说，有些人专写一些没有文化根基、没有文化内涵的空洞文章，这时他就常以年轻时实践过的"深耕易耨之法"作比喻。他说：

吾家治田，每用长大镬头，两次锄至二尺许。深一尺半许外，方容秧一头。久旱时，田肉深，独得不旱。以他处禾苗重数之，每穗谷多不过八九十粒，少者三五十粒而已。以此中禾穗数之，每穗少者尚百二十粒，多者至二百余粒，每一亩所收比他处一亩不啻数倍。盖深耕易耨之法如此，凡事独不然乎？时因论及士人专事速化不根之文，故及之。

三年的管家实践，使陆九渊有机会接触家乡各种各样的人物，了解家乡的民情和土地、作物、气候与收成，也懂得了劳作的艰辛；在与人接触、处理财物问题的过程中，他获得了丰富的实践知识与沟通技巧，懂得了知与行的关系，这些都不是可以从书本中得到的知识，为他后来管理书院、治理地方等提供了前期经验积累。若干年后他与友人通信，谈起这件事时说，管家三年，使他学问大有长进。陆九渊讲课时经常用他掌库三年时了解的民情为实证，说明深刻的道理。其中“深脚田”的故事更是他常引用的比喻，他说：“种田讲究深耕易耨，耕得越深，杂草就越容易被除掉，世上事情难道不都是这样吗？”在陆九渊构筑中国“心学”体系时，这一段“管家”生活的沉淀记忆发挥了重要的作用。

陆九渊不仅认真学习书本知识，同时也注意到实际生活中去获取真知。陆九渊“一意实学”，反对“议论虚说”，虽然认为学有讲明，但只是万不得已而为之。他在《陆象山语录》中写道：“千虚不博一实。吾平生学问无他，只是一实。”他说掌握再多的理论技巧都不如来一次真刀实枪的实战，认为自己治学全无技巧，唯有踏踏实实地苦学积累，并在实践中去印证所学的内容。这也是陆九渊兄弟后来极力主张践履之学的一大原因。

第三章

坎坷曲折的仕宦之途

陆九渊早年无心科场，二十四岁迫于家族压力参加科考并高中乡试第四名，传出翁婿同榜的佳话。因父亲病逝丁忧三年，直至三十四岁“高龄”才高中进士步入仕途。一生仅担任主簿、国子正、删定官等闲职，在“轮对”时连上五个奏折，并提出医国“四君子汤”，后遭谗言被贬主管台州崇道观。直至五十二岁才被起用知荆门军。短短两年内革除弊政，移风易俗，被后人誉为“荆门之治”。

第一节　无心科场醉心学

绍兴二十九年（1159），陆九渊已经二十一岁了。男子二十岁成年，便称作“大人”，素来讲究礼法的陆家郑重地为陆九渊举行“冠礼”。宋时的成年读书人有一个明显的标志——束发加冠，就是将头发绾起来，横插一根长簪子，戴上一顶特制的帽子。男子一旦束发加冠，别人就承认他是一位加冠了的“士人”，是一个有文化知识的人了。

按照惯例，“冠礼”必须祭祖，又称“行嘉礼”。祭祖的牺牲通常是全猪、全鸡、全鱼。鱼必须是鲤鱼，具有跳龙门的祝福含义。陆贺斋戒沐浴后写好“冠词”，大致包含祈祷天地鬼神、求先人赐福、保佑“加冠人”前程远大等颂词。亲朋好友都前来恭贺观礼，其中一人身份较为特殊，他便是陆九渊的准岳父——临川士子吴渐。陆九渊十岁的时候，在一次陪酒侍学中崭露头角，吴渐便决定将长女吴爱卿许配给他，待陆九渊成年后择日成婚。辰时正，鞭炮、唢呐、锣鼓齐鸣，满堂宾客全都换上吉服，陆家六兄弟分立两边，陆贺与妻邓氏站在上首。礼宾念完“冠词”，父亲陆贺亲自将崭新的“幞头”和“绢带”给陆九渊系好，然后行大礼祭祖。礼毕，在礼乐声中大开筵席。

席上，陆九龄谈及钦宗在异国他乡驾崩，金主完颜亮拒不发丧，还百般刁难偏安一隅的南宋朝廷；特别令人发指的是，还有佞臣献《临安湖山图》给金主，完颜亮命画工在图上加绘自己的戎装策马肖像，并亲笔题诗一首，其中一句为“立马吴山第一峰”，可见金国已有随时南侵的狼子野心。众人都义愤填膺，长吁短叹，陆氏宗祠中弥漫着沉重的忧国情绪。陆九渊突然站起来，将头上的“幞头”取下来捧在手中，大声说：“我跟随五哥到临安一游，亲耳听到岳飞元帅是受冤屈含恨身亡，他所作的《满江红》已流传民间。大丈夫怀安贪生太可耻了。二圣之仇不报，不驱逐胡虏，不收复山河，愧对天地，也愧对这顶新冠！”于是，他带头吟唱：“怒发冲冠，凭栏处、潇潇雨歇。抬望眼，仰天长啸，壮怀激烈。三十功名尘与土，八千里路云和月。莫等闲、白了少年头，空悲切。”陆九韶慷慨激昂地接唱道：“靖康耻，犹未雪。臣子恨，何时灭？驾长车，踏破贺兰山缺。壮志饥餐胡虏肉，笑谈渴饮匈奴血。待从头，收拾旧山河，朝天阙。”吟唱的声浪直震屋顶，飞出青田里，在空中来回激荡，显示了读书人的尊严和民心威力。

晚茶后，陆贺和吴渐带领晚辈在槐堂聚谈。陆贺对陆九渊耳提面命，要他安心读书准备考取功名，决定在槐堂为他开辟一个书斋，并请在座的宾客集思广益，为陆九渊的书斋取一个名字。书斋起名对读书人来说是件风雅韵事，书斋的名字显示了斋主的教养、个性、爱憎、专攻、追求以至终生事业。在座的都搜索枯肠，沉思默想，想为陆九渊的书斋献上一个雅名。静场了约半个时辰，吴渐首先打破沉闷，他认为陆九渊是崇尚孟子的，孟子是主张尽心的，建议书斋名为“尽心斋”。一石激起千层浪，大家都围绕着“心”字做文章，容心斋、本心斋、问心斋、无心斋、养心斋……看到大家给书斋取的名字，饱读诗书、醉心典籍的陆贺很不悦，他认为除了吴渐所取的斋名符合典籍，其他的都没什么新意。若取“心”字，他建议取名叫“道心斋”。六经中的《书经》言：“人心惟危，道心惟微。”陆贺的斋名一出，众人都点头噤声，谁也不敢再议论了，热闹的氛围顿时陷入沉默。但陆九渊仍一言不发，若有所思。陆九渊不愿拂逆两位长辈之意，他心里早有主意。于是他站起身来，向在座的全体宾客拱手致谢，说出自己的主张：“书斋名实为明心辨志，极为重要，就像父亲说的那样，经书不见的，决不能用。其关键在于‘存心’二字。要做个人，做个君子，就得存心。道心在于存，尽心在于存，诚在于存，容也在于存。存就是心，心就是存，存心就是圣贤之道。以存命名，合经也合道。”

陆九渊这一番解释，无懈可击，虽然维护正统观念的陆贺还是有一些不同意见，但他还是尊重陆九渊的个人意愿。长辈皆无异议，其他宾客和五位哥哥当然也不会反对。“存斋”正式命名，由陆九渊亲笔书写，在爆竹声中，贴在槐堂左厢房门楣上。从此，陆九渊总是和几位兄长、朋友在存斋切磋学问，探求大道，周围的人都喜欢称呼他为“存斋先生”。

绍兴三十二年（1162），陆九渊已经是二十四岁的青年了。他在家除帮助耕作外，早已成为一个“读书破万卷”的饱学之士。

南宋时期，科举考试三年一考，已成人的陆九渊却不为所动，读该读的书，做该做的事，这也可以从他后来抨击科举考试的文章中看出来。他给弟子毛元善的信中坦言：“无常产而有常心者，惟士为能。古之时，士无科举之累，朝夕所讲，皆吾身吾心之事而达天下者也。”由此可见，陆九渊不仅不愿参加科举考试，而且对科举考试之弊端有非常深刻的认识，这是非常难能可贵的。然而在那个年代，无论是升官发财，还是报效国家，科举考试是唯一出路。而对于陆家而言，好不容易出了个神童，竟然不愿走科举之路。父亲陆贺显然不会放过这难得的提升家族地位的机会，他立即找来陆九渊的几位兄长商量对策。陆贺唱黑脸，正面教导陆九渊，科举考试的成功对他自己、对家族、对国家有多么大的意义。兄长们唱红脸，一个说作为儿子应该尽孝，父命不可违；另一个说，如果科举考试成功了，弟弟就成了全家的贵人……迫于这种“软硬兼施”的压力，陆九渊最后还是“缴械投降”了，违心地走上了科举考试之路。

然而，让陆家发愁的是，陆氏家族中并没有合适的长辈指点陆九渊。为了让陆九渊科考之途走得顺畅，寻找一位精通科举考试和程文的高人指点，便成了迫在眉睫的事情。陆九龄说：“李侍郎非常熟悉朝廷的历届科举程文，我在州学时听过他的讲学，学问了得。”经过商量，在陆九龄的推荐下，陆贺决定让陆九龄带着陆九渊及陆九思长子陆焕之一同拜访退隐赋闲在抚州的进士李浩。

李浩（1116—1176），世称桔园先生，绍兴年间进士。他学识渊博，为人耿直，外号“李直讲”。南宋孝宗时，时任大理卿的李浩向朝廷谏言，为两淮的耕田废弛而心痛，提议“条划营屯”，使耕田恢复原来的样子，“民赖其利，立石以记”。

陆贺要求陆九渊携带厚礼，随陆九龄前往临川拜会李浩。向李浩请教学问是陆九渊梦寐以求的，但携带礼物这种媚俗的行为，陆九渊决不肯干。陆九渊为这件事左右为难，怎么做到既不逆父命，又不媚俗呢？陆九渊辗转反侧，夜不能眠。忽然他想到了一个办法，他决定写一篇短文作为拜见信，信的大意为：“德远先生：古之学者，皆欲遇求高尚君子。并不是以他华贵显要的地位来提高自己，也不是因他有丰厚的钱财可以惠赠自己，更不是贪他有什么门路、妙计可以告诉自己。心急如焚去拜见一位官场人物，既不求功名，也不求利禄，更不求心术，那他意欲何为？晚生陆九渊，金溪青田人氏，七岁发蒙读书，十三岁立志研讨古人未尽的学问，现在业已二十四岁。这么多年来，我从未向身居要职的官人投过漫刺，不仅如此，我还非常厌恶那些趋炎附势之辈，还常常排斥、讥讽他们。很多人以为我是异类，说我狂妄怪诞，但我还是坚持自己本性，不怕别人揶揄耻笑。我以能学习古人的优秀品质而自豪，请阁下对我多多指教，使我能够进步。青田后学陆九渊顿首。”

陆贺一看这封拜见信，一脸愠色，他担心陆九渊这种唐突的行为会惹得李浩不满。陆九韶和陆九龄却觉得六弟的这封虽略带自夸但不媚俗的拜见信，是篇难得的奇文，都比较欣赏陆九渊的文笔和勇气。他俩深知陆九渊从小就自有主张，连忙向父亲解释道：“桔园先生是位名士，高风亮节。子静的这份拜见信或许会让他另眼相看，况且信中并没有冒犯桔园先生的言辞，只谈自己的志向，相反还肯定了桔园先生是位德学兼备的正直君子，这有什么不好，又有何妨呢？”经过陆九韶、陆九龄的一番解释，陆贺也只能接受这个现实，但深谙人情世故的他仍坚持要备一份厚礼。相互的退让，圆满地成就了“临川之行”。

李浩早就从陆九龄口中知道他有个聪颖善思的六弟，这次见面分外高兴，他亲自迎接陆九龄一行。进厅入座后，陆九渊取出拜见信双手呈给李浩。李浩细读一遍，大吃一惊，沉吟良久，夸赞道：“你的信写得很好。这是学昌黎先生的笔法，既有志气，又有骨气，年轻人很不简单。”李浩久久注视眼前这位才华横溢的年轻人，知道他是一个不可多得的人才。如果他不去参加科举考试，一生埋没偏僻乡村，岂不可惜！此时，陆九龄跟他表明此番拜访的意图：一是来求教；二是求程文范本；三是请李浩为陆九渊选籍，即选择考试科目。李浩听明来意很是开心，毫无保留地将他所知道的情况完完整整地告诉陆九渊：程文的内容大多是以论述中兴之道为重点，但写作时不要过多地涉及与“和”“战”相关的敏感问题，这点一定要切记；在选籍方面，京都注籍、诗家经赋都已有很多人选，只有《周礼》一科无人报名，所以建议陆九渊从《周礼》下手为好；最后还对陆九渊表示了良好的祝愿，预祝他考试成功。随后李浩从抽屉里拿出数篇程文范本，同时又详细讲解了选才的原则、科举中的内幕等。

陆氏兄弟在李浩家住了十几天，每日或品茗畅谈，或把酒临风，纵论天下形势、品评文章人物。尤其是李浩家充箱盈架的藏书令陆九渊大开眼界。这些天李浩先生给他们传授了一些程文章法，并极力勉励陆九渊积极应试，接受国家挑选。陆氏兄弟在此获益良多，深深感谢李浩的指点教诲，决定回家之后立即投入全部精力准备今年的秋试。临别之际，李浩还将自己收集的百余篇程文范本悉数赠给陆九渊，供其揣摩之用。李浩经常向朋友夸赞陆九渊："金溪陆九渊，乃堂堂君子，当今难见也！"

陆九渊从李浩府上归来之后，便积极准备参加八月在抚州的"乡试"。他首先根据李浩的点拨提示，拟订了一份学习计划张贴于书房，然后全面检点整理家中书籍。他潜下心来认真地、系统地把已经读过的、学过的知识梳理了一遍。陆九龄广泛搜集科举考试中各种示范性程文，要陆九渊精心研习。但陆九渊却不喜"随人脚跟，学人语言"，他认为这种场屋文章，只要直写胸臆就行了。陆九龄一再告诫六弟，科举考试的程文有一定格式，不能破格；先要选科，后要选经；策文的写法有一定的规矩和法定的格式，逾矩则不取。

陆九渊天赋聪敏，读书过目不忘。在那个泥古拘方的时代，他总感到压抑。但对父命兄教，他又不得不遵守。科举这一关，他知道非过不可。一个人难于免俗啊！他读《周礼》，是听从前辈李浩的指导，因为诸家经赋都有了，唯独没有《周礼》，因而选此经并报上去注籍。但他不死读书，参阅子思、孟子的著作，又用《易经》中的哲理来钻研周人用"礼"治天下的奥秘，将"死书"变成"活学问"，越读越有独到的体会。至于那些乱七八糟、陈言俗套的程文样本，他从心底瞧不起，不过随便翻翻而已。智者无非善于学习，画家画人物重要的在于眼神，绝不会细心描绘头发汗毛的。中国山水画重在工笔近景，气象万千的远景无非随笔渲染写意罢了。

第二节　喜报与守孝

科举制度创建于隋朝，发展于唐宋，前后延续一千三百多年之久。它破除了魏晋时期九品中正制的世袭垄断，为中小地主基层的晋升之路提供了新的路径；它所坚持的“自由报名、公开考试、平等竞争、择优取士”原则，为出身寒门的知识分子进入仕途，提供了一个相对公平的竞争平台。唐承隋制，自唐太宗以来便加大推行开科取士的力度，李世民曾得意扬扬地宣称“天下英雄尽入吾彀中矣”。尽管科举制度不断完善，但是也存在一定的弊端，如三年一考、名额有限等，尤其是官场腐败极大地影响了科举取士的公平性。科举考试便逐渐演化成为禁锢大部分士子的牢笼，无数士子皓首穷经，多次落榜而郁郁终生，从而导致许多士子陷入考与不考的两难困境：假若投身于科考，必须有良好的家境，才能支撑应举的高额费用。报名的考生很多，录取的比例很小，通过乡试的难度系数非常大，有的考生终其一生，始终不得过，被称为“老童生”。天下英才多不胜数，若想在众多考生中脱颖而出，则必然要经历艰难的应考之路。每日须苦读程文，心理素质要足够强大，以面对落榜的人生打击，才能做到屡败屡战，再加上较大的运气成分，最终才能金榜题名。如若不参加科考，家族成员数代无人入仕为官，那么该家族离衰败就不远了。此外，不出仕则无法施展个人平时所学和内心抱负，碌碌无为地过一生，又心有不甘。

绍兴三十二年（1162），金秋八月，丹桂飘香。江南西道各县弟子员分别在几个州集中。那时，县里没有学院也不设考场，临川、金溪、东乡等地的弟子员就云集抚州考场参加乡试。由于乡试在各州举行，故又称州试。

两宋时期的乡试共分为三场，考试前一天点名入场，后一天交卷出场。士子们背着背包、提着考篮照着唱号鱼贯而入。有人潇洒自如，不慌不忙地应试；有人紧张得大汗淋漓；有人贼眉鼠眼，总想营私舞弊。经过数月寒窗苦读的陆九渊与长侄陆焕之及未来的岳父吴渐也在此次应考的考生行列之中，他提着平民子弟简单的行囊，泰然自若。临场，他毫无紧张浮躁的心态。他认真审读试题，将个人的见解诉诸笔端，无任何凝滞，文章一气呵成。

陆九渊应举的三篇文章都是围绕《周礼》进行作文，以“正己”“守中”为文章中心论点。这三篇文章立意深远，文章的论调虽都与《周礼》之法相吻合，尽管它们是那个时代一种机械式的“程文”考卷，但是，从字里行间可以看出青年陆九渊的与众不同。

第一篇论“诚”。这是古代哲学的一个传统命题。陆九渊不是从个人修养立论，而是从“大人”治国、平天下来阐述“诚”的重要性。他指出，“诚”乃是人安身立命、成己成物之根本。“如果你朝谋夕访，处心积虑去求官，以便治人，而你自己不加强道德修养，怎么能知道做官需要‘正己’才能‘物正’的道理呢？‘诚’字在古代的作用大得很啊！当官的一言一行，常人是会忽视的，但它们却会由近及远影响百姓的一切，甚至惊天动地。所以说，有志气有道德的人做官，重要的一条便是正身以正四方、修己以安百姓。这就好比太阳可以照耀万物，雨露可以滋润禾苗。心存正气，才干方可发挥。如果极尽你的美德，就足可治天下了。假如你存私心，戕害美德，就像木头生了蛀虫，禾苗有了螟虫，骄横腐败之气滋长也就在毫发之间。你自己道德沦丧，同时也害苦了老百姓。”

第二篇论“中”。陆九渊取的题目是《黄裳元吉黄离元吉》，他提出自己的见解：居“上位”的人最怕的是“不向下看”。如果守中又时时关心下面的百姓，那么你治理地方的政令会不顺畅吗？如果你执行上级命令是公正的，那么你的工作能不畅通无阻吗？这样看来，对上级不谄媚，对下民不欺瞒，天地鬼神都会帮助你。

第三篇论“宜”。该篇文章的题目为《使民宜之》，文章内容结合南宋朝廷的现状，类似于当前公务员考试的申论。陆九渊认为：“非圣人固不使之知也，若道之义则彼民之愚，盖有所不能知也。若乃其道之宜，则圣人固与天下之民共由而共享之。”陆九渊的文章观点在一定程度上弥补了孔子论点上的瑕疵，拓展了其思想内涵及主题意义。陆九渊列举了三皇五帝时期黄帝、尧、舜等明君所做的惠民之举，并画龙点睛地得出“一出于道而已”的结论。他说：“如果大道与老百姓的利益相适宜，你就可以和黎民共同享受成果了。如五刑、三礼、修水利、驱虎豹，凡是建立法制和制度，都要征求百姓的意见，以求与他们的利益相适宜，这个做法是不能缺少的。”

陆九渊这三篇应举文章，强调为官应注意官民关系，只有如此才能真正地收到以“礼”治天下的效果。这已经不是呆板的“程文”了，从中透露出了春的气息，可认为是民主思想的萌芽。考官王景文阅完陆九渊论述《周礼》的文章后，大加赞赏，提笔写下批语：“毫发无遗恨，波澜独老成。”意思是文章说理周密透彻，条分缕析，在写作方法上起伏有致，波澜迭起，笔力洗练而老辣。

陆九渊参加完乡试后，并不像其他的士子四处托人打探消息，而是早早打道回府。父亲和兄长们问及他的三场考试，他只是淡淡地回答，并不把功名得失放在心上。得到父亲陆贺的许可，他到四哥陆九韶隐居的梭山过闲云野鹤般的生活去了。梭山位于青田村之东，距村仅二三里之遥。梭山不高，但溪涧潺潺，静谧幽雅。梭山是陆九韶隐居之处，也是他的荐堂书院所在。书院四周是苍松翠竹，木篱笆围成了几块菜地，四季蔬菜不断。陆九韶自号“梭山老圃”，人称“梭山先生”，过着半耕半读的生活。他琴棋书画样样精通，学问很深，尤其是在研究《易经》和北宋五子的理学著作方面，有不少独到的心得。除非陆氏宗族有要事商议，或是老父亲陆贺召唤，否则他是不轻易出山的。陆九渊在梭山闲居，或与陆九韶门人对坐古松下“手谈”为乐，或听陆九韶娴熟的琴音。

一天，身披一袭素衣的陆九渊坐在一棵松树之下，正在弹奏《漪兰操》。他端坐不动，沉浸在激越的琴声之中。突然山下传来阵阵锣鼓声，由远而近，径直沿山而上，一位门人连忙告知陆九韶。原来是官府送“捷报”的人来了，他们一路高呼：“恭喜陆相公高中了！”陆九渊神情专注地继续弹琴，就像没有听到喜报一样。一曲终了，陆九渊才缓缓站起，然后拱手解释，因抚琴不得中断，敬请原谅。报喜的捷吏们告知陆九渊他高中第四名，吴渐是第九名，而陆焕之则榜上无名。翁婿同榜，一时成为抚州佳话。

陆九渊接过喜帖，赏了来人喜钱。打发他们走了之后，他仍然端坐下来抚琴，徐疾有度，依旧心静如水。到了傍晚时分，兄弟俩才从容下山，回到青田陆家。凡是读过清代吴敬梓写的《儒林外史》的人都知道里面有个“范进中举”的故事。范进接到中举捷报之后，悲喜交集，进而得意忘形，精神竟一下子崩溃，突然手舞足蹈高喊“中了中了”，喜极而疯。而陆九渊根本没有在意过是否榜上有名，他认为读书不仅仅是为了家族的荣耀和个人的飞黄腾达，而在于懂得礼义。范进中举后的癫狂反应与陆九渊的平淡反应相比，真叫人感慨万千。这其实与他从小受到良好的家庭教育有关。陆氏家训反复教育子孙：求学的人没有考取科举功名，并不是什么耻辱；如果没有学到知识，不识礼义，这才是极大的耻辱。在这种家风的熏陶之下，陆九渊才能够胸怀开阔，不为名缰利索所束缚。他一直生活在下层农村之中，读书之余，还坦然地从事一些耕作或经商活动，这对他后来形成带有平民色彩的哲学思想，是有很大益处的。

陆九渊从梭山下来，带回中举的捷报，整个陆氏宗族沸腾了起来。老父亲陆贺高兴得合不拢嘴，邀请全族和亲朋好友前来喝喜酒，又顶香点烛，祭谢列祖列宗。按当时习俗，中举之后，必须向考官写信致谢。陆九渊在致谢考官的信函中慨然写道："我小时候便追慕古代贤者，长大则更想探究事物的根源。我从来不认为违背世俗就是错的，只想以圣贤作为自己的榜样与他们同归。虽然这很难达到，但我愿意自我加压来激励自己自强不息。假如我这一辈子没有为国出力的机会，我便准备在平民百姓之中宣传孔孟儒学的精神；如果能够发挥自己的才能，担任一定的职务，则我愿和官场诸公共同努力，收复失地，还我河山，建造一个如同尧舜时期的圣明社会。"

陆氏宗族还沉浸在欢乐之中，却不想兴尽悲来，老父亲陆贺年事已高，举行宴会累了几天，又染了风寒，竟然一病不起。他临终前把陆九思、陆九韶、陆九龄喊到床前叮嘱："子静有异志，从这次谢举官启事中可以看出。穷源、自强，含有他对圣贤之学的怀疑；与圣贤同归，更不是吉祥的话。他将来在仕途上是不会顺利的。我的病不会好了，你们兄弟要对他严加管束，督促他走正路，读圣贤书，完成省试、殿试，务必使他成才，将来报效国家，我死也瞑目了。"

绍兴三十二年（1162）冬十月二十七日，陆贺逝世，享年七十七岁。陆氏全族举哀，道卿先生去世的凶讯传遍了乡里。金溪县令报请朝廷，赠封陆贺荣誉功名——宣教郎。

陆九渊兄弟为父亲守孝，沉浸在哀伤之中。陆九渊恪守古制，在家守孝，所以不能参加次年京城的省试了。这样也就不能成为进士、获得朝廷命官的机会。换而言之，陆九渊这次中举，因为父亲的逝世，等于做了一场无用功。

但是，在道卿先生的丧礼中，却涉及另一个重要人物的出场，就是偶然到金溪青田来做客的朱熹，他对于陆九渊来说是极其重要的。朱熹是当时著名的大学者，享有盛誉，他和吕祖谦、张栻，时称“东南三贤”。朱熹，字元晦，晦是昏暗的意思，熹是光明的意思，一阴一阳，名字本身就有浓厚的哲理味道。朱熹比陆九渊大九岁，他十九岁就高中进士，二十二岁担任福建泉州同安县主簿，五年后去职。后来一直担任清闲的“祠禄官”。陆贺逝世的这一年，三十二岁的朱熹在湖南衡山监南岳庙。朱熹喜欢访问世外高人和山林隐士，他和陆九韶早有书信往来，算是挚友了。这次他回福建探亲，取道江西，顺便到抚州金溪看望老朋友陆九韶。适逢陆贺的丧事，他便成了陆家吊丧的第一位当代名士。

陆九韶代表陆家兄弟正式致意，敬请朱熹帮忙办两件事：一是为宣教郎陆贺题写墓碑；二是为陆九思著的《家问》写跋，即写后记。朱熹二话没说，爽快地应允了。朱熹心里也很想见见陆氏兄弟，尤其是对四岁问天的神童、本届乡试高中的陆九渊更感兴趣。他先索取陆九思的《家问》和陆九渊的诗文等文字，通读下来后赞叹不已。特别是二十四岁的陆九渊，诗文中透露出一股奇特的思维，阔大的气象，严密的结构，质朴的文采，使他感到此人非同凡响，不可轻视，于是他手书“一家兄弟学，千古圣贤心”相赠。

陆九渊也早知朱熹的大名。他从四哥陆九韶处看到的朱熹来函以及在士人中流行的朱熹校正的《上蔡语录》，知道“东南三贤”名不虚传。但他对朱熹的一些观点是不敢苟同的。此次相会，机缘难得，他要当面请教。于是，梭山的荐堂书院成了朱熹、陆九渊的第一次会见地。在陆九渊的人生道路上，朱熹的楔入是一个重要的因素。朱陆之争延续了数百年，对中国文化乃至世界文化产生过极大的影响。朱熹、陆九渊之间的关系很微妙，他们既是诤友，又是论敌，他们的智慧碰撞在中国哲学史上占有重要地位。

朱熹的个头不高，生得一副奇相，右眼旁边有七颗黑痣，依次排列竟像夜空中的北斗七星。他有诗人气质，举止潇洒，谈吐不凡。

陆九思请朱熹为他的《家问》作跋，并亲自研墨。朱熹文思泉涌，跋文洗练简洁，原作只有六十二个字，但寓意却很深刻。跋文如下："《家问》所以训饬子孙者，不以科第为病，而深以不识礼义为忧。其殷勤敦恳，反覆晓譬，说尽事理，无一毫勉强缘饰之意，而慈祥笃实之气蔼然，讽味不能释手云。"译意是："这部难得的《家问》训饬陆氏子孙，说出了当今社会谁都不愿说出的话——读书不是单纯为了科举。没考取不算耻辱，不识礼义才是真正的耻辱。《家问》用恳切的文字，生动的比喻，说得道理透彻，丝毫不勉强，就像听一位慈祥笃实的老者向后代讲故事一样。我（朱熹）边读边品味，爱不释手。"朱熹的跋文行文简要，为陆九思的《家问》大添光彩。陆九渊认为朱熹用的"训饬"二字似乎不大妥帖，他认为礼义是人的本心，不是外求和外力能加上去的，而《家问》这部书另有深意，绝不是"训饬"二字可以概括的。

朱熹对陆氏兄弟的热情招待十分感谢，对陆氏兄弟十分看重，特别是对陆九渊，朱熹认为他是当世不可多得的人才。他亲笔为宣教郎陆贺书写了墓碑，由于朱熹精通堪舆学，又毛遂自荐为陆家勘察风水宝地。堪为天，舆为地，堪舆学就是研究天地风水的学问。《史记》《汉书》都提到过堪舆学，属于五行家的学问。

毛源离青田大约五里，翻越一座大山、过一个渡口就到了。毛源此处山阴水阳，气势非凡，形状像一面令旗。北耸南坦，西高东低，正好挡住了寒冷的西北风。朱熹站在高处远眺，只见北为五峰，东为红岩，西为高山，南为流水，就在倚西北处落穴，选准坐东朝西地，端详了半天，认为“西风卷旗形宝地”是个吉穴。毛源是陆家老屋的祖坟山，配有五亩祭田。陆氏裔孙陆盛迁居此地，专门看管祖坟，办理祭事。陆氏兄弟子侄和家眷们，穿起孝服，哀哀哭灵，并祭奠祖宗，只留继母邓氏带领妇女在家守灵。

乾道元年（1165），陆九渊二十七岁，守孝期满。三年前的乡举第四名已成为历史，他如果想获得进士出身，就必须重新经过乡试。这年秋天八月，陆九渊第二次参加乡试，可能是思想深处对这种考试的轻视，导致他没有充分地投入，这次他落榜了。陆九渊遭遇“落榜”这个试金石，他用自己的“践履”实现了“读书不为名利”的崇高品德。

落榜后的陆九渊根本就没有戚戚于怀，他每日与诸兄侄切磋研讨圣贤之道，倒觉得思想上进入新的境界。他给南城的友人童伯虞写信说：“富贵利达是人生的所求，虽很难得到，但君子又要贱视它。如果一个人总是为此而营营汲汲，以功名的得失为喜悲，这也实在是不明智的。求‘人爵’必先修‘天爵’，要想得到功名利禄必须提升思想品德。”《礼记》载：“富润屋，德润身。”意思就是富贵惠及房屋，富人把房屋修造得美轮美奂，但这仅仅是润泽了房屋；贤德惠及身心，一个人只要拥有良好的品德和才学，就可使身心得以滋润，从而精神富足。陆九渊特别注意到子思（孔子之孙）的一句话，大意是说：人人都认为自己很明智，但为什么很多人被驱赶到网罟陷阱之中却不知躲避呢？他认为这句话发人深省，世上的利禄富贵、科举功名也是一种“荆棘陷阱”。

陆九渊二十一岁时已经行了冠礼，正是男大当婚的年纪。吴渐提议让陆九渊与长女吴爱卿完婚，了却这桩心事。但陆九渊不想这么早结婚，还想四处游学，增闻长识。吴渐是个通情达理之人，没有反对。两人婚事第一次被推迟。

陆九渊二十四岁那年获乡试第四名，就打算来个双喜临门。婚事就定在十二月十二日，陆九渊和吴爱卿望穿秋水，等待那天的到来。然而，天有不测风云，眼看婚期将至，七十七岁的老父亲陆贺却一病不起，仅仅一个月就撒手人寰。陆九渊要为父亲守孝三年。按照习俗，守孝期间，不能参加科举，不得举办婚事。两人婚事第二次被推迟。

守孝期满，又逢乡试，但二十七岁的陆九渊落榜了。陆九渊本人不是很在乎，本来他就对功名不是很感兴趣。但乡人谣言四起，讥讽“神童”“文曲星”是个笑话，让陆九渊甚是苦闷。为此，他索性到信州、抚州等地游学，寻访名师，广交朋友，一走就是好几个月。婚事第三次被推迟。

乾道三年（1167），二十九岁的陆九渊与吴爱卿成婚，这种晚婚在当时是极为罕见的。他们婚后耕读自娱，过着农村士子的一般生活，后育有二子。

第三节　高中进士

乾道七年（1171），陆九渊三十三岁。这年又是举办乡试之期，在兄长和家人的一再劝说下，陆九渊决定重振雄风，不负家人的期望，第三次参加“秋闱”。这次试题以《易经》为主。陆九渊少年悟“易”，堪称是《易经》专家，考题算是碰到他的刀尖了。考官阅完卷后，对陆九渊的文章评价非常高：“如端人正士，衣冠佩玉。”认为陆九渊的这篇文章如同端庄忠正的君子，不但衣冠整肃，而且身佩美玉，充溢一种高雅倜傥的风度。这无疑又是极高的赞誉，这也是陆九渊第二次中举了。

乾道八年（1172）三月，陆九渊参加了当时被称为“行都”的临安举办的“南宫春试”，也就是“省试”，这是一场中央级考试。参加者都是去年各地乡试“秋闱”所录取的举人，省试合格即为进士，就有资格参加殿试当“天子门生”了。陆九渊第二次进京城，他的感受和少年时代在临安悟弈的那次完全不同了。

三月的杭州，紫陌香街，春风十里，西湖的湖面上画舫如梭，官员士子夜夜笙歌，醉生梦死，举目望去皆是“一春长费买花钱，日日醉湖边”的盛世假象。陆九渊生性不爱嬉戏，何况他忧国忧民，心怀报国之志。他日夜准备省试，经常独自漫步苏公堤和白公堤，谒拜三贤堂，怀念白居易、苏东坡、林和靖三位先哲。行都的繁华、游人的沉醉与边界的烽火、山林的警报形成强烈的对比，皇家的选才和佛道的大智慧恰恰又是相悖的参照，这些都萦绕在陆九渊的心头，引起了他的沉思，也无可置疑地决定了他这次南宫春试的命运。

这次省试，宋孝宗赵昚钦点的主考官有三个：吕祖谦、尤袤和赵汝愚。吕祖谦（1137—1181），字伯恭，婺州（治今浙江金华）人，人称“东莱先生”，南宋著名理学家，与朱熹、张栻并称“东南三贤”。吕祖谦肩负此次省试的“采点”（即大主考），为朝廷选拔具有真才实干的人才。尤袤（1127—1194），字延之，无锡（今属江苏）人，国史院编修，礼部尚书兼太子侍读，担任此次省试的“知举”，即副主考。赵汝愚（1140—1196），字子直，饶州余干（今属江西）人，吏部郎兼太子侍讲，担任此次春试的考官。这三位考官都是当时的大学者，他们慧眼识英才，是陆九渊的伯乐。

省试在贡院举行，这场由礼部主持的“抡才大典”，是一场极为严格的考试。为保证科举的公平公正，防止作弊，贡院实行“锁院制”“糊名制”“誊录制”。锁院是指在考选期间，考官们和工作人员都住在贡院，和外界隔离，家属也不能见面。糊名是指考试结束后，将考生试卷的名字用纸封闭，以防出现“人情卷”。誊录是指把所有考生的试卷由人重新抄写一遍，字体大小都一致。“糊名制”可在一定程度上降低关照子侄、年家子的可能性；“誊录制”则将考生的字迹作弊也化为乌有，尽可能地保障科举的公平、公正。

吕祖谦早在江南西道的鄱阳镇时就抽看过各州乡试举子的考卷，对抚州金溪陆九渊的《易经》考卷十分欣赏。他虽不认识陆九渊，却已经很熟悉陆九渊的笔法——气势开朗而稳健，语言凝练而飞跃。特别难得的是，陆九渊敢发前人所未发，开言见胆，不落俗套，显示了一种罕见的智慧。

这次，他批阅考卷，读到经义科一份易学考卷，上面有一段出彩的文字，翻译成白话文是：“海上的渔人常年和海鸥在一起，尽管他百般戏耍海鸥，由于怀着心机，海鸥群盘旋在渔人头顶上，没有一只肯飞下来。游水的老者在吕梁水上披发行歌，冒险出入在漩涡激流中。孔子向他问‘大道’，老者称这是本能、习惯，熟悉海流的水性。可以称它为‘无心’，不可以和儒家的‘道心’相比。谁要用‘无心’去净化灵魂、立身处世，那是错误而又十分危险的。春秋时期子产任郑国宰相，他经常给老百姓施舍一些小恩小惠，以示亲民，从而达到收买人心的目的，而不去从根本上把政治搞好；梁惠王移河东的粮食去救济河内饥荒，自以为得‘道’，一个劲儿地埋怨灾害太重，以致邻国的百姓不去投奔魏国。这是法家治国的两个例子，充其量只能叫它‘仁术’，不能叫它‘仁道’。谁要用‘仁术’去同百姓共悲欢，处理物欲世界纠纷，那是浅陋而又偏狭无力的。”

读到这里，吕祖谦击节赞赏。再用心揣摩，他断定：“这份考卷，一定是江西金溪陆九渊的文章。”《易经》论文题目长达二十四个字，取自《周易·系辞》上篇第十一章，陆九渊的文章只有一千多字，吕祖谦竟能在几千份密封誊录的卷子中一眼识别此文的作者，这种敏锐的眼光以及惊人的鉴别能力，可以算得千古佳话！宋代的程文虽非明清的“八股”，但仍然依据唐代诗律的起承转合，讲究章法的严密，立论的公正，辞藻的准确，气韵的贯通。陆九渊的文章写得笔甜墨酣，直抒胸臆，文采飞扬而又有思想深度。

吕祖谦接着又读了附在一起的几篇文章，文章的立意都很高。他立即请尤袤和赵汝愚传阅，并说：“这份考卷实在高超，有学问。我敢断定他必然是江西陆子静的文章，这种人才我们千万不能漏掉啊。”尤袤、赵汝愚二公仔细阅过后也大加赞赏。等到拆阅考生姓名时，这份考卷果然是陆九渊的。

省试出榜之日，陆九渊高中贡士。贡士一经产生，便要参加最高一级的“殿试”。由皇帝出题，在集英殿笔试，在垂拱殿策问，根据考生的应答表现，按皇帝与考官的意见排定名次。殿试将全体贡士分为“三甲五等”，但凡参加殿试的考生，便没有黜落一说，都能成为进士，只不过有级别高低而已。

当时，朝廷也有报纸，叫邸报。由于考官们的器重和推荐，陆九渊的文章登载在邸报上，立即传开，名震京华，传遍江南。人们都说陆九渊是当代才子，本科状元非他莫属了。当年在临安悟弈的神童，又成为京都街谈巷议的才子。谁都想会见陆九渊这位传奇人物，以一睹其风采为幸事，慕名来拜访的人络绎不绝。其中有位名叫杨简，他是乾道五年（1169）进士，担任富阳县（今浙江杭州富阳区）的主簿，读了邸报上陆九渊的文章，非常敬佩，几次邀请陆九渊游富春江，坐县衙讲学。许多当地的学者都来听讲，陆九渊的才名越来越大。廷对的考官们都以为陆九渊在陛见孝宗皇帝时，必将慷慨陈词，纵论天下事，献出安邦定国的计策，绝对是一甲中的风流人物。

古今中外的哲学家都是天真的，何况是青年的陆九渊。他的哲学论文，以非凡的勇气、创造性的“圣凡同”的思想来论述“洗心”的重要性，直言不讳，说得淋漓尽致。“普通男女并不笨拙，同样可以实践大道；至于大道的最高处，圣人也是做不到的。凡是圣人都不是全知全能的，但我认为大道再怎么玄奥也不会超越普通百姓能知能行的范围。因为大道的广博就有隐微，隐微就在广博之中。内外的吻合，体用的完备，可以随着时代的发展而发展；但人力对于大道来说，既不能添加丝毫，也不可以减去丝毫。一个合圣的人格应该用八卦六爻来洗心，用隐秘精微的大道来立身，与万民同欢，与万物打交道。虽说往来纷扰，吉凶难卜，但他的心未尝不是澄澈透明存于玄妙不败之地的。这种人格力量也就是尧帝的无名，舜帝的无为，文王的不知不识，《易经》的真实含义不能拘泥于象和数，浮沉在虚说上的决定因素。”历代王朝的统治者都希望下面的臣僚和子民们说他是圣贤，赛过尧舜，很不喜欢把他同“普通男女百姓”并列。宋孝宗赵昚是个优柔寡断、沉醉于声色的多疑之君。在南宋偏安的朝廷里，哪一个会是“合圣的人格”呢？世上的真相，是不能戳穿的，尤其是在政界。才名的传扬，也给陆九渊带来了负面的效应。人性中的妒恨、忌才，各个时代都是相同的。当时的朝野上下不服陆九渊的大有人在，客观上的“谦受益，满招损”将会给陆九渊带来恶意的中伤，就不足为奇了。

五月为殿试之期。殿试是极为庄重的。由当今皇上亲自出题，考笔试和策问，皇帝亲临集英殿和垂拱殿，钦点状元，为国家选拔人才。这种三年一次的盛事，为万民瞩目。对于这一场殿试，陆九渊早有思想准备，他和贡士们集结在殿外，各自入位。到了殿试这天，在群臣簇拥下，宋孝宗赵昚款款而至。经过一番“朕孜孜求贤，唯诸君尔”的训教之后，考官传下御制的试题，陆九渊等贡士下跪拜领，并归位开始答题。能成为贡士参加最高级别的殿试，都是有才之士，大家饱蘸浓墨，奋笔疾书。陆九渊并不着急，沉着应考，到日薄西山才交卷。翌日，举行策问，皇帝面对面提问，贡士回答。这是陆九渊第一次拜见皇帝，面对平庸无奇、苟且偷安的宋孝宗赵昚，陆九渊非常谨慎，他考虑到言谈不可过多，机锋不能毕露，能过得去便算了。一味地吹牛拍马，大歌“圣德”又非其所愿。无论是策问和面试，他都谨慎寡言，文字也平淡无奇。

结果传胪官唱名时，陆九渊排在第三甲后几名，只得到一个“赐进士出身”的身份。集英殿张灯结彩，大殿的台阶上设置香案，主考官和考生们祭天、拜皇帝等。皇帝赐给每名进士绿袍、白简、黄衬衫各一件；武举人赐紫罗袍、镀金带、牙笏各一件。赐一甲三人酒食五盏，余人各赐泡饭。前三名各进谢恩诗一首，穿起绿袍，执着丝鞭，骑着骏马游街，数百面黄旗引路，好不威风。

“桃李不言，下自成蹊。”尽管陆九渊没有名列壬辰科的一甲，但陆九渊的才名还是不翼而飞，迅速传遍大江南北。三十四岁的陆九渊一举成名，完成了父亲陆贺的遗命。陆九渊的科考之路较为坎坷，虽曾中过举，却因父丧而失去赴京城参加春闱的机会；二十七岁时再考却又落榜。就像他修书给好友童伯虞说的那样，孟子曾倡言先修“天爵”再得“人爵”，一个人要办一件大事，就要无“场屋之累”。

陆氏六兄弟中，陆九思、陆九皋、陆九龄、陆九渊四人皆有功名在身，陆九龄、陆九渊两人高中进士，在当时可谓一门荣耀，名震乡里。但陆门早有家训，告诫子孙，读书之人虽然都应参加科考，可没有博取功名并非耻辱；若不识礼仪不尊仁义，才是最大的耻辱。陆九渊一洗前耻，他借帝王家的考场，宣告了中国心学的诞生。陆九渊思想早熟，功名迟到，而他在精神饥渴的封建时代，追求的正是大道。凡是大智慧的人，都相信大道的存在。至于个人得失，他是不计较的。陆九渊以他的本性和人格力量感动了士林。在临安逗留期间，“学士争相与之交往”，拜访者越来越多。受其言论启发，许多人都开始信奉他的观点。陆九渊教人不循常规，弟子如有小过，则动之以情，晓之以理，使之愧疚有所改；弟子中有知其然不知其所以然者，则为之条分缕析，使之涣然冰释。正式拜他为师从游的学人有杨简、袁燮、舒璘、沈焕、石崇昭、胡拱、高宗商、孙应朝、诸葛诚之等人。在陆九渊的追随者中有不少进士、太学生员和在任官员，有的年龄比他大得多。

三十四岁的陆九渊从此结束了读书、求官的时代，开始踏上坎坷曲折的仕宦之途，继续完成他的“心学”创建的历史使命。

第四节　坎坷仕途

陆九渊虽然不屑于科举考试，但最终还是走上了科举之路，并且获得了成功。而科举考试的成功为他打开了仕途通道，也为他实现自己的抱负创造了条件。陆九渊考中进士较晚，而且官位不显，任职时间较短，但由于其仁心在我、为政以德，其治政的风范与政绩仍然值得肯定。

据《宋史·陆九渊传》记载，乾道八年（1172），陆九渊中进士。淳熙元年（1174）三月，陆九渊被授予隆兴府靖安县（今江西靖安）主簿一职，主要是做一些掌管文书的工作。后因继母邓氏病逝，回家服丧而不能立即上任，需要等候。服丧期满，改调至建宁府崇安县（今福建崇安）做主簿。

陆九渊认为当时的管理阶层是由三种人组成的，这三种人是官人、吏人、中人。官人就是朝廷命官，包括郡守、守帅、提刑、监司、漕吏、县令、主簿等，这些人中，才能、道德参差不齐。吏人是指胥吏、僚属等，多是些为非作歹之徒。中人指那些无以自立的人，他们的言行、处事好比墙头草。陆九渊对这三种人的关系和作用作过较详细的分析。

官人，一般是通过科举考试而跻身于上层，所以大多数官人不是本地人，不过，他们的身边都是吏人及吏人的后代。吏人本来是办公事的，但为了各自利益，他们竞相争夺，所以吏人没有良心，没有公心。官人想知道事情的真相，可是吏人却不让官人知道。官人不能知道实情，所以制定政策、措施就不能取信于百姓。中人则是地方上的无赖之徒，他们阻碍救济之事，堵塞惩治的通道，阳奉阴违，无恶不作。这样，官人、吏人、中人相互勾结，狼狈为奸，使邪说四起，冤案丛生，百姓处于水深火热之中。这就是陆九渊考察官府、民情时的心得，不可谓不生动，不可谓不深刻。由于陆九渊丁忧，导致其被授予的第一个主簿官职未能赴任。陆九渊在家守丁忧的三年间，观察世间人生百态，加之他从小就深知底层老百姓的疾苦，所以经常为劳苦大众发声。

淳熙八年（1181）六月，丞相少师史浩认为陆九渊当个县主簿太屈才了，便举荐他任都堂审察。第二年又被推荐为国子正，到太学任教，另外还兼任祭祀、掌管文献之类的职务。陆九渊一到国子监赴任，便进行一系列的改革。他为监生们讲授儒家典籍《春秋》，“诸生叩请，孜孜启谕。如家居教授，感发良多”，监生们在学业上有任何疑难问题，都可向他讨教。陆九渊没有任何架子，使监生们如沐春风，纷纷被陆九渊的风度所折服。

当时的南宋朝廷偏安一隅，上下都在粉饰太平，达官贵人们没有几人真正关心国家的兴亡，理会百姓的死活，只一味搜刮民脂民膏用于享乐。

整个临安城到处都是赏花看舞、听歌斗酒。读书人也是思想迷惘，精神萎靡，一个个像待宰的羔羊，而他们却浑然不知。陆九渊于初秋时节到国子监上任，有友人劝他多和达官贵人交往，这样仕途才会更有希望。陆九渊听到后不以为然，他在给朋友陈倅的回信中表明心迹，写道："面对纷繁复杂的人与事，自己没有一日闲暇。同僚、朋友之间的一些应酬，我也多以性子懒为由推托了，内心实在是不喜欢。朝廷虽不重用我，但我仍然要当好这个老师，好好地为学生传道授业解惑，引导他们立大志，涵养品德，磨砺才干。希望他们有朝一日能够在为国为民上建功立业，在继承、弘扬中华文明上做出贡献。"

当时在国子监的从学人员大多是浙中人士。如朱熹所言："比约诸葛诚之在斋中相聚，极有益。浙中士人，贤者皆归席下，比来所得为多，幸甚！"这个时期的讲学内容主要是严夷夏之辨，明民族大义。中秋佳节过后的第二天，陆九渊在给监生们讲授《春秋》中的"楚人灭舒蓼略"内容时，有感而发，动情地说："中华文明里有'礼义'这个核心，只要大家共同健全和完善这个先进制度，继承和弘扬先贤传下来的知识，中华就永远会被别人尊敬。其他人想要靠武力消灭中华，消灭我们的制度、文明，这种情况在历史上屡见不鲜，今后也还会出现，如果大家都麻痹大意，那情况就让人忧虑了。我希望大家都能够立大志，固本心，学以致用，为国为民，继承和光大中华文化。"监生们听得很认真，情绪激昂。可见，陆九渊讲《春秋》诸章，主要是向人们讲清楚民族大义、礼义之道，希望听者守礼义之约、立复国之志。

这次讲学情形在《陆九渊集》中也有记载："先生为国子正，删定敕局，居中五年，四方之宾满门，旁无虚宇，并假于馆，中馈百需，先生不一启齿。”陆九渊在国子正的五年中，来自全国各地的宾客挤满了他的家，人多的时候甚至要向宾馆借宿，这些人的食宿问题都由夫人吴爱卿料理。黄宗羲在《宋元学案》中慨叹：“弟子属籍者至数千人，何其盛哉！”

淳熙十年（1183）冬，陆九渊迁编修敕令所的删定官，即担任修订法令之职。淳熙十一年（1184）春，任敕令局春祀祚德庙担任献官一职，前后历时五年。陆九渊官职虽不大，但因接近大内，政务比较繁忙。与此同时，他参与朝政以及面圣直谏的机会比之前增加了许多。陆九渊为官时敢于发表自己的政见，从多方面阐述自己的政治主张，希冀羸弱的朝廷能焕发新的生机。

一是关于治政的宽严问题。这件事与朱熹有关。朱熹在南康上疏时得罪了皇帝，受到言论的很大压力。适逢两浙东路某些州府遭遇大饥荒，宰相王淮趁机排除异己，上奏推荐朱熹为浙东主管茶盐的主事，由朱熹负责赈灾等相关事宜。陆九渊得知这件事之后，为朱熹打抱不平。他为朱熹辩护说，朱熹在南康时就被人指为太严，但治政的“严”和“宽”是不能泛泛而论的，而应以事实为据，那些侥幸得到宠禄的人是不应该无中生有指责朱熹的。此时正是陆九渊与朱熹在学术上争论最激烈的时期，然而陆九渊仍然是“以理为是非，非以人为非”，足见其胸怀之宽广、气度之博大。

陆九渊还写信给辛弃疾，认为有些人的“宽”是对贪吏之“宽”，“严”是对百姓之“严”，而这对社会、对国家都是不利的。“贪吏害民，害之大者，而近时持宽仁之说者，乃欲使监司郡守不敢按吏，此愚之所谓议论之蔽，而忧之未能去怀者也。”陆九渊认为当时官员极少是“以民为心”的，而朱熹能做到。他在给家乡抚州官员陈倅的信中说道：“今时郡县能以民为心者绝少，民之穷困日甚一日。抚字之道，弃而不讲，掊敛之策，日以益滋。甚哉，其不仁也。”

二是关于整顿财政税收问题。陆九渊反对政府向老百姓无休止地索取。他给老家金溪县县令赵公愈写信说：“金溪为邑虽陋，而财赋初不至甚窘，求之异政得失，已事可见……顾乃下与吏胥为党，贡谀献佞，以陷执事。大抵吏胥献科敛之计者，其名为官，其实为私。官未得一二，而私获八九矣。”如此与家乡官员讨论税收问题，如此直言不讳，足见陆九渊性情之直爽、人品之高洁、爱民之深切。

三是建社仓问题。淳熙十一年（1184），粮价疯涨，如何平抑粮价，成为朝廷的当务之急。各地官员纷纷上折子献计出策。朱熹也上了一道奏折，陈述他在福建建宁时曾创立社仓，目的是用于平抑粮价与灾荒备用。陆九渊在敕令局专门负责筛编宽恤诏令，当他读到朱熹的折子时，非常认同社仓之法，感到这是一种非常好的平抑粮价的办法，并和同僚商议，立即“编朱元晦社仓事”，尽快上报呈送给皇帝。陆九渊虽然身在京城，但无时无刻不在关心家乡父老的生计，他立即修书建议自家兄弟仿照朱熹义举建社仓，由四哥陆九韶主持此事。春荒之时，社仓开仓以济乡民，农民吃上了平价粮，待秋收后，再返粮于社仓，其中仅取息二厘。这样不仅可以让农民安稳渡过荒年荒时，而且使贫民不再受富民的剥削。他还写信给时任金溪县县令的孙硕，请他去青田考察社仓，并建议在全县普建社仓，孙硕采纳了他的建议。后来，陆九渊还写信督促抚州官吏，建议在抚州范围内推广社仓，一时间，社仓遍布抚州辖区。至今，距金溪县城老街仅三里之地，有一个村叫义仓，就是当年其中的一个社仓。当年看守社仓的王姓一家，如今已繁衍成了一个村落。

四是“五上札子”。宋太祖赵匡胤在建国初期，为提高行政效率，及时掌握各方面的情况，设置“轮对”制度。朝廷近臣可轮流面对皇帝本人，汇报国家和百姓生活等急切事情和重要问题，同时提出建议，也可乘机劝谏等。地方官可以为某事专写报告，皇帝批准后，可以登朝面谈，称“登对”。南宋高宗朝秦桧专政，百官害怕得罪他，不敢向皇帝进言，恐有“不测之祸”，到“轮对”时，往往装病请假，躲着不去。南宋孝宗朝秦桧已死，又恢复了“轮对”制度，士大夫对此较为重视。

陆九渊担任敕令局删定官时，曾获得过一次“轮对”机会。陆九渊一共准备了五个奏折，上殿面君时，他沉着冷静，面对孝宗一一做了详细说明。

第一折论君臣同德、“仇耻未复”。希望君臣之间尽其所言，相互辩论。陆九渊以唐太宗李世民和魏征为例，君臣同德宜“相与尽诚”，不要专讲表面的“形迹”。孝宗对此表示赞同，认为君臣之间须当如此。陆九渊还要求朝廷能正确认识和处理民族矛盾，广泛搜寻天下所有的英才，共谋复兴大业。

第二折论“愿致尊德乐道之诚”。陆九渊说：“汉唐虽盛，但有志于道德的君王少见。今陛下卓然有志于道，然而羽翼未成，愿陛下更加尊德重道，建功立业。”孝宗很高兴，就谈了一些类似于佛禅的道理，陆九渊见圣心未明，忙解释他的“道”与此不同，越王勾践生聚教训才是他追求的“道”。陆九渊希望皇帝能修身养性，尊德乐道，以遂初志。

第三折论“知人之难”，提出明主应当注意知人、任贤、使能。陆九渊告诉皇帝应该以全面了解一个人作为关键，以正确理解一个人作为原则，如果帝王能够全面了解一个人、能正确理解一个人，那对他来讲就不会有难事、大事和余事。陆九渊以韩信、诸葛亮等人为例，说明君王“知人”的重要性。孝宗说：“人才必须使用之后才能发现。”陆九渊说：“君主要在未用之前发现人才，如果老是让凤凰屈于鸡群，日日与琐屑之人共事，相信他们的‘俗耳庸目’，以他们的见识来评价人物，会有极大的不妥。”孝宗不明陆九渊深意，说朝中已发现大量人才，并列举几人姓名。陆九渊只好直言不讳地指出：“天下人才还未知，执政大臣不能胜任陛下的使命。”这是陆九渊直接攻击宰相王淮了，其凛然大义使孝宗有所触动，一时也默默无语。

第四折论“事当驯致而不可骤”，主张以渐变的方式改革、改善当朝的政事。陆九渊说：“有些事可以立竿见影，但有些事，比如改变不良的习惯，纠正积弊已久的政策法度，虽尧舜、周公复生，也不能马上尽如其意。有些不合理之事，骤然变革，还往往失败，而有人就以此为据否定变革，这就是因噎废食。秦汉以来，甘心守旧，病根就在这里。”他要求行事雷厉风行，并要求提高工作效率，这样的话，消除长期积累的弊端，就可立即获得成效。孝宗亦有同感，点头称是。

第五折论“人主不当亲细事”。君臣各有其职分，陆九渊直言帝王不要事无巨细都去过问，应以大事为重为紧。陆九渊举荀子所说“主好要则百事详，主好详则百事荒”，来说明米盐琐事往往消耗皇帝的精力，虽有周公贤臣在朝，皇帝也没有时间讨论经国大事。而且如果皇帝抓得过细，各级官员往往无权做主，因而互相推诿，皇帝焦劳于上，下面又难以如意。

这次“轮对”就这样结束了，陆九渊的耿介个性得以充分展现。进言有无效果，陆九渊也无法把握，只能付之“天命”。陆九渊认为，这“五札”可算得上作为帝王的“中正大道”。宋孝宗对陆九渊的敬业精神及其有关意见与建议是认可的，因此“轮对”后不久便将陆九渊改授为承奉郎，又转宣义郎，除将作监丞。

淳熙十三年（1186），陆九渊上奏提出任贤、使能、赏功、罚罪是医国“四君子汤”。同年，陆九渊被贬为主管台州崇道观这样一个闲职，可以休闲在家，但三年俸禄分文不减。《宋会要·职官》载：“淳熙十三年十一月二十九日敕令局删定官陆九渊差主管台州崇道观。陆九渊除将作监丞，臣僚论驳，谓其躁进强聒，乞赐寝罢，故有是命。”王信指责陆九渊不顾实际，急躁冒进，又到处鼓动改革，聒噪不休，不与朝廷保持一致。这本质上是宣布陆九渊从此淡出政坛。再两年，长期执政的宰相王淮倒台，宋孝宗部署晚年的政治改革，启用理学派周必大等为相。当时南宋官僚集团偏安一隅，不思进取，而理学士大夫如朱熹、吕祖谦、陆九渊、陆游等都希望实现政治抱负，使国家振作起来，“共图恢复”。面对突如其来的政治打击，陆九渊没有浮躁，没有沉沦，而是毅然决然地还乡，准备再度聚众讲学，为国家培养一批仁人志士，为建立新儒学和解除当时社会危机做出一番事业。他告别临安诸友，回归江西故里金溪，自号“象山翁”，讲学授徒，决心从增强民智做起。他的讲学场所基本选择在寺观、禾场等地，授课对象比较广泛，不仅有读书人，还有许多平民百姓，“听者贵贱老少，溢塞途巷，从游之盛，未见有此”，虽“乡曲长老亦俯首听诲”。

十二年的坎坷仕途，使陆九渊在政治上更加成熟，在学术思想上也得到了进一步的发展。陆九渊从政的最大特色是其治政实践中的亲民、爱民，这与他的哲学思想也是密切相关的：“有不仁不善为吾之害，而不有以禁之、治之、去之，则善者不可以伸，仁者不可以遂。”陆九渊所做官职虽然不大，但政绩斐然；为官时间不长，却表现出鲜明且独特的治政理念。陆九渊的治政理念既是儒家的政治思想，也很有现实意义。

第五节　荆门之政

陆九渊直至五十二岁的高龄才被朝廷重新起用，知荆门军。陆九渊赴任之后，针对荆门的落后状况做出一系列的变革。在军事方面，加强对边防的整顿，如建造城墙、加强防御、精武强能等；在教化方面，他亲自向民众讲学，教之以礼义，激发荆门百姓内心向善，从而达到化民成俗之功效。陆九渊在荆门任职尽管只有短短的两年时间，但他治理荆门政绩突出，革除弊政，移风易俗，注重培育人才，使荆门的边防与民风都为之一变，为荆门巩固边防、稳定人心注入了一剂强心针。

一、筑荆门城

绍熙二年（1191）六月，已步入知天命年纪的陆九渊，迎来他政治生命中一个极为重要的转折点。陆九渊接到任命后，由于边防军务紧急，朝廷命他疾速到荆门赴任。对这份迟来的任命，陆九渊心情非常复杂，充满矛盾。这些年，他已习惯于家乡山水、朋来友往、精舍讲学的田园生活，加上兄嫂年迈、子侄待教的牵挂和心学理论有待总结提高等多种因素，从内心来说，他是不想再次出山从政的。但他想到风雨飘摇中的国家，想到虎视眈眈的金人，想到流离失所的百姓，他决定尽自己的一份力量，做点实事，为国分忧。

荆门作为一座边陲小城，处在南宋与金国之间的交界处，双方经常发生一些小规模的军事摩擦，并且有进一步扩大的可能。由于家园遭到战火的侵袭，荆门老百姓不堪其扰，出现了许多民众或者士兵逃亡事件。他听说金国仍在不断蚕食南宋的领土，边防告急的警报时常充斥朝廷上下，陆九渊胸怀一腔报国热情，毅然带着妻儿前往荆门赴任。

荆门的地理位置非常险要，属于军事要冲，历来为兵家必争之地，有着重大的战略意义。荆门境内民情错综复杂，官吏不良作风滋生腐败，陆九渊一上任便开始大力整顿，将之前的弊政纠正到正确的轨道上来。工作繁重的陆九渊写信给好友罗春伯坦言："不少朝夕，潜究密考，略无稍暇，外人盖不知也，真所谓心独苦也。"面对如此繁重的工作及复杂的工作环境，他只能殚精竭虑地拼命工作，借助给好友写信来倾诉内心的苦楚。

荆门作为宋金边界重镇，对南宋的战略意义极大，然而令人不解的是，荆门却"素无城壁"，连城墙都没有，这如何防御虎视眈眈的金国铁骑？之前的历任长官早就有修筑荆门城墙的想法，但"畏惮其费，不敢轻举"，修筑城墙所需人力及巨额经费让他们望而却步。面对如此不堪一击的防务，陆九渊并没有灰心丧气，他决心不惜一切代价改变此种消极防御的现状。陆九渊意识到城墙对一个城池的重要性，于是他多次向朝廷上奏呼吁，反复陈述荆门城墙对边防的紧迫性，请求朝廷尽快批复荆门筑城的申请，并亲自登门拜访友邻郡县，希冀获得他们的大力支持。最终，朝廷批准了他的筑城之请，决定拨款修筑城门。

陆九渊亲自实地考察，经过深思熟虑，筹划谋算，在结合现状合理推测的基础上，最后他在府库财政紧缺的情况下，毅然拍板做出一个赌上自己政治生涯的决策。他亲自向老百姓阐述筑造城墙的重要性：只有自己亲手创造出一个安全稳定的生活环境，大家才可以过上安居乐业的生活。由荆门府衙贴出告示：动员家境殷实的富户捐资或对他们进行减租，普通居民量力捐款，而穷苦老百姓则出力到工地上干活。荆门各级官员、衙役等公务人员，全体一律“各助月俸，以资工费”。陆九渊以身作则，主动将自己的半年俸禄悉数捐出，并带领下属到工地亲自动手参与修筑工作，他“践履”的举动极大地鼓舞了民心。此外，陆九渊还从荆门军州府划拨为数不多的专款用以改善修筑城墙民工的伙食，为修造城墙的后勤工作保驾护航。

在资金缺乏、人手不足的条件下，陆九渊精打细算，多措并举。首先，他充分调研，做好规划，预算费用；其次，争取朝廷的支持，及时向宰相周必大等请示汇报，请求增拨经费；再次，亲自动手，做好表率，同时动用部队，四千兵勇全体上阵，军民官吏一起动手，大大节约了成本；最后，他广泛召集民夫，并给予优厚报酬。这种全体荆门军民上下齐心、同力共筑城墙的火热场面，在荆门历史上是罕见的。

据《荆门州志·城池篇》载，陆九渊所修筑的荆门城墙“周围九百余丈，高一丈六尺，女墙高五尺”。因为陆九渊有过管理家族的经验，统筹规划有方，调度得当，再加上天公作美，城墙修筑工程进展得非常顺利。陆九渊率领民众齐心修筑的荆门城墙为砖石结构，城门用条石券顶，砌筑青砖至城顶，城门洞内有木质对开的大门，城门后的石壁凿有漕沟，洪水侵袭时，可放落木闸抵挡。“众人拾柴火焰高”，只用了二十多天就完成了城墙土建工程，荆门筑城速度之快堪称奇迹。不仅速度快，而且费用少，原来预算需要二十万缗钱，最后，军民群策群力，只用了五千缗钱，是预算的四十分之一。稍后，朝廷支援的三万缗钱才拨付下来，陆九渊将为数不多的拨款用来补充完善城楼上的武器设备、观察敌军动向的塔哨、用于御敌的护城河及护城桥等相关设施。陆九渊将荆门城的正南门定名为南薰门，此名取自相传舜帝所作的《南风歌》中的“南风之薰兮，可以解吾民之愠兮”，清凉的南风可以解除万民之愁苦，此门的名字含有陶冶品德和熏化习俗的美好愿望。陆九渊又在文庙前开辟了一个小南门，取名为“凤鸣门”，具有彩凤歌鸣的美好寓意，期望能给荆门带来兴隆的文运。在陆九渊夜以继日的不懈努力下，荆门城墙在不到一月之内就拔地而起，他终于实现了前几任郡守未实现的梦想。荆门城墙的筑造产生了极大的影响，它不仅巩固了南宋薄弱的边防，更起到了稳定民心的作用。

荆门新城，屹然矗立于江汉之畔，治内百姓扶老携幼蜂拥而至，争睹新城壮观景象，登览参观者络绎不绝。人们简直不敢相信，在这么短的时间内，没有增加老百姓的任何负担，能建成这么一座高规格、高质量的新城。

二、罢“三门引”

湖北的地理位置极为重要，素来有“九省通衢”之称，而荆门则是四川、湖南、江西等数省商品流转交会之处。按理说，荆门应该是物资堆积、往来商人络绎不绝，然而陆九渊上任后看到的景象却是许多商人宁可绕道多走远路，也不肯往荆门走近道，从而导致荆门的商业税收非常少。为了解其中缘由，陆九渊深入基层，走访商户。但这些商人不但不予以回答解释，反而是见知军来了就绕道回避，实在躲不开的话，也只是支支吾吾不肯道实情说真话。为此，陆九渊只好找当地的税收人员和部属了解情况。这些人告诉陆九渊，尽管他们恪尽职守，严格把关守卡，但无奈商人太过刁钻，采取各种办法偷漏税，收不到税实在不能怪罪他们。

从这些税吏的话里，陆九渊掌握了一些重要的信息：荆门作为边陲之地，一方面由于经常遭到金国的军事骚扰，老百姓的生活非常穷苦，税收虽然是府库收入的主要来源，但由于民生凋敝而锐减；另一方面是过去的这些年里，荆门由于疲于应付公务迎来送往等官场礼仪，导致府库耗尽，入不敷出，甚至还出现"寅吃卯粮"的困境。府库的存银不多，为了维持府衙的正常运转，只能不断加大商业的征税率。前几任郡守都默认下属通过收取高额商税用以生活补贴，于是荆门官府设有"三门引"的税收政策，这种竭泽而渔的征税方式导致荆门的商业不断萎缩。

所谓"三门引"，也称"三道卡"，就是税收上的三道关卡。第一道是来往商人要交过路费。官府在各个交通要道设关守卡，对来往商人收取过关过路费用。第二道是税收。对商人的货物进行清查并列出清单，商人必须照单缴纳税收之后才可以进城买卖交易。第三道是检查费。也就是在买卖交易过程中，还要派人进行检查，检查是否开了清单，清单是否与实物相符；检查是否缴纳税收，税收是否缴足。在检查中只要发现一项不合格，轻则补交税收费用，重则没收货物或进行罚款。这项税收政策的设立，官府本意是加强商贸和税收的征管，但事实上不但没有给官府增加任何收入，反而挫伤了商人经商的积极性，为某些不法之徒、贪腐奸吏提供了鱼肉百姓、敲诈盘剥过往商贾的机会。

为了逃税，原本安分守己的商人被迫放弃走关卡林立的官道，选择走偏僻的小道逃避高额的商业税。然而走偏僻难行的小道不但风险较大，山路陡峭不方便运输，而且容易被打家劫舍的盗贼抢劫。因此，来荆门经商的人越来越少，州府所获的税收也日缩月减。这样一来，整个荆门商业市场混乱，税收锐减，以致市场萧条败落。

陆九渊深入掌握事情真相之后，针对荆门的税收弊政、不合理的规章制度以及迎来送往的官场陋习进行了一系列的整改。他命令即刻取消“三门引”这类不合理的制度，撤销各地关卡，免了进出城门的商税，调整安置守卡人员，放开市场。针对这一做法，有人认为设卡都收不到税，撤卡不是更加收不到税吗？陆九渊解释说：“对一些不法商人当然要打击，但对守法商人还是要宽厚爱护。”所以他贴出告示，通知各类商贩到规定地点自觉完税并减免一些不该交的费用。市场开放的当天税收就大增，全体市民商贩奔走相告。

有一个巨商，到荆门做生意，正押着货车从山道僻路而来，在路上碰到老朋友，告知他新任知军颁布的新令。巨商大喜，忙赶货车踅回大路，在山中岔路口被山区巡逻兵士逮住，并怀疑他是奸细，被送往军治府衙，经检查后无异物，兵士上报知军发落。陆九渊看了证件询问实情后，亲手释放，并当场赔礼道歉。巨商感恩戴德地感慨道：“罢‘三门引’，减援例，去我辈大害，不可不报德。”此事一经流传，来往荆门的商人都口头传播荆门取消“三门引”这一讯息。各路商贩听闻这个好消息之后，纷纷前来荆门采购商品或设摊做生意，从而使荆门的商业税收状况得到极大的改善。陆九渊的这一举措使荆门的经商环境得以净化，获得往来商人的交口称赞。时间一久，会集荆门的商人越来越多，货物也堆积如山，同时也为边境的繁荣稳定做出了积极贡献。

三、教化民众

陆九渊刚到任时，发现荆门一带不但经济落后，百废待兴，而且民风败坏，道德沦丧。老百姓愚昧迷信，专好偷盗抢劫，好逸恶劳，不务正业，不以为耻，反以为荣；下层官吏对待劳动多不愿亲力亲为，总是喜欢指挥别人；到部队来当兵的不是为了保家卫国、镇守边关，而是来混吃混喝，吃饱喝足之后，一有机会就当逃兵；各级机关人员也把官衙当作饭店旅馆，无组织无纪律，不讲规矩不守法纪，上级对此还无可奈何。上下一片混乱，不重教化，也没有伦理道德。

面对这一现状，刚到任的陆九渊感到内心焦急，有种“心独苦”之感。如何改变这一现状？陆九渊从我做起，从身边的细事抓起，采取有针对性的举措解决实际问题。

第一步就是作表率，抓典型。他自己勤勉工作，经常深入基层，开展调查研究，频繁到农村视察农事，了解农村实际，掌握第一手资料。虽然陆九渊身患恶疾，但他还是轻车简从，只带着佥判、教授、知县等人现场办公，还时常一人一马行走田间地头，解决实际问题。每当天气恶劣、灾情严重的时候，他都出现在群众身边。对那些屡教不改的奸民，则作为典型坚决打击。

第二步是废旧制，办实事。老百姓不听高调，只图实在。陆九渊治荆办了许多实事。修城墙，他和老百姓同在；听民声，他不分早晚不分身份高低随时接待；陈规陋习一概取消，不该乱收的税收坚决取缔。

第三步是从严治军，加强治安巡防。荆门作为边陲军事重镇，经常爆发战争，军粮日渐匮乏，军中时有士兵逃亡，极大地影响了军队士气。陆九渊作为荆门最高军事指挥官，面临士卒逃亡窘境也一筹莫展。然而他将治理地方的经验搬到治军之中，在军中选拔贤能之士来管理军队。“仗捕获之赏，重奔窜之刑”，在军中对英勇善战的士兵进行表彰，对胆小怯战的士卒予以严厉惩罚。同时荆门还与相邻的几个州郡相互约定，抓到对方的逃卒相互遣返，这个举措一经推行，军中逃逸之风顿时消解。

为整肃军纪，陆九渊制定了军队操练计划，加紧军事训练，有备无患。周边州郡之中，只有荆门天天整习操练。在操练中，陆九渊亲自到场，要求极其严格。在陆九渊的邀请下，驻军元帅还派赵良弼、孟道、成和等将领到荆门出席大阅兵活动，并嘉奖了一批骑射出众的将士。陆九渊还亲自参与骑射，三箭都命中靶心，全场欢声雷动，广大军民才知道陆九渊知军是一位文武兼备的儒将，极大地提升了士气，展示了荆门军威。经过一番整军饬武，荆门军力大大提高，边防更加稳固。

陆九渊上任之前，荆门盗贼横行，社会失序，民众的人身安全都无法得到保证，这是一个老大难问题。陆九渊走马上任之后，意识到盗贼为祸乡民的严重性，决心整治社会秩序。他认真研读北宋时期王安石变法中的一项措施“保甲法”，这是带有军事管理性质的户籍管理制度。保甲制实施以户为基本单位，十户为甲，设置一名甲长；十甲为保，设置一名保长。陆九渊决定在荆门推行保甲制度，希望达到荆门长治久安的目的。在他的倡导下，各县、乡纷纷组建了治安巡防小组的民间武装，陆九渊将其统称为“烟火队”，类似于后世的联防队。烟火队是在官府与乡绅的组织下，以维持乡里安全稳定为目的的民间武装组织，具有半官方性质。它与辛弃疾在湖南组建的“飞虎军”性质相似。烟火队的成员平时是从事农业生产的普通农民，发现盗贼活动踪迹，以焚烧柴火的烟火为联络暗号，使盗贼无所遁形。在如此强有力的打压之下，盗贼之患很快得以顺利解决。

第四步是办郡学，教化民众。陆九渊不管平时的政务有多么繁忙，始终将教化社会大众的儒家理念记在心中。他认为，要治理好一个地方，除了发展经济，还需重视教育，教化民众，从而实现长治久安的目标。陆九渊对教书育人始终充满激情，在荆门任职的两年内，他先后出资修缮郡学、贡院等教育场所，鼓励当地百姓努力向学，争取做一个读书明礼的文明人。陆九渊把教育和国防放在同等重要的位置齐抓共管，为了普及教育，他每月会固定腾出几天的时间，亲自到郡学为民众讲学，“朔望及暇日，诣学讲诲诸生”。陆九渊在荆门任职期间讲学的内容，主要是教育人们如何破除迷信、移风易俗，如何修身养性，使民德淳朴敦厚。

据史料记载，陆九渊向民众讲解《洪范》中的“皇极”，到现场听讲的人有五六百之众，可见陆九渊讲课水平之高。所讲内容为：君王建立的最高法则就是中道。所有人生下来都具备这种最高的中道法则，但由于每个人所秉承的天性不同，所以对这个最高法则的觉悟有快慢的差异，古代的圣贤就是对这个最高法则觉悟最快的先觉者，因而他们的责任是觉悟其他民众。君王建立最高法则是为了给人民带来幸福，这种幸福包括寿、富、康宁、行美德、老而善终“五福”。获得这“五福”就要从“正心”开始。一个人正气足，行事光明正大，那么他走到哪里，福就跟到哪里；如果一个人的心是邪恶晦暗的，那么他走到哪里，祸就跟到哪里。如果一个人的心是邪恶的，那么他就会常做恶，时间一久必然会引发天地鬼神之怒，反将自取其辱，这是因为他自己绝灭本心。相反，如果一个人的心是光明正大的，那么所行之事也必然是善事，必然会得到天地鬼神的庇佑和祝福，即使他处在贫贱苦难的环境之中，也会心自亨通。愚昧的人不能改过自新、远离罪恶。愚昧的人只知道贪求富贵，到处祈神拜佛以求福，可是又不知道神佛在何处，神佛怎么会将福给那些心地邪恶的人呢？所以，大家如能保全光明正大之心，不陷邪恶，也就是保全了中道，便能报答圣贤君师教育之恩，而永远地享受“五福”，又有何必要到别的地方求神拜佛呢？

当时荆门有一个传统，在正月十五元宵节那天，荆门郡守要公开设坛为全城百姓求福禳灾，祈求上苍保佑来年风调雨顺。陆九渊赴任之后便决定废除这一带有迷信色彩的陈规陋习，并将元宵节的祈福迷信活动，改为宣讲儒家典籍《尚书》以教化民众。从此，荆门的社会风气有了显著变化。

由于荆门地理位置偏远，山野之民不受教化，也大多不遵守王法，民风颇为粗野。而且当地民众非常迷信鬼神之说，一遇到事情就到处烧香拜佛、礼敬鬼神。看到荆门民众这种愚昧的现象，陆九渊决定在讲经台上加盖一座凉亭，以讲解儒家思想教化民众。相传东晋时期，有个慧远大师在荆门山东麓设坛讲解佛经，荆门老百姓将此地命名为讲经台。陆九渊以心学的天理观念，教导荆门老百姓反省自求，引导民众修行道德，告诫民众应该持之以恒地践行良好的道德行为。陆九渊所讲的这些内容，用通俗易懂的话语切中荆门百姓的要害，将他们最关心、最现实的问题呈现出来，并指出了解决问题的方案，台下数百位聆听者被感动得热泪盈眶。

陆九渊在治理荆门的任期内，始终秉持诚信清白为官，踏实做事勤政为民。有人含冤到衙门告状，他不管时间早晚都会受理，只要有案子必定亲自参与处理，从不假手他人。陆九渊断案宽厚待人，以调解为主，主张和为贵。如若告状的内容涉及有违伦理纲常及败坏社会风俗，陆九渊耐心做通原告的工作，劝其撤回案件，私下予以调解，使问题得以圆满解决。对于一些犯罪手段残忍、罪行极其严重、屡教不改者，才依法予以严惩。经过陆九渊积极地推行教化举措，引导民众积极向善，荆门民风更加淳朴，邻里互帮互助，和睦相处，民事诉讼案件的数量急剧下降。原来荆门城内偷盗成风，后来小偷小摸的事情基本绝迹。治内百姓都把军衙的号召当作自家的事务来对待，人人向善，事事以义。陆九渊写信告诉侄子陆麟之："近来吏卒多贫，而有穷快活之说！"陆九渊安贫乐道，勤勉干事，这种"穷快活"的境界让人艳羡。

陆九渊原本希望在荆门施展平生所学，大展拳脚地改革荆门弊政，造福荆门百姓，然而终因勤于军政民事，积劳成疾。绍熙三年（1192）十一月的一天，天降鹅毛大雪，陆九渊自知时日不多，于是他沐浴更衣后静静地端坐案前，两天后的中午安然地离开了这个世界，享年五十四岁。陆九渊离世的消息一经传开，上司和邻近州、郡官员发来不少祭文，赞扬他的政绩，称道他的学问，表彰他的人品。嘉定十年（1217），朝廷赐谥“文安”。

陆九渊清廉勤勉，严谨治学，做事务实，荆门官员、百姓因陆九渊的病逝，无不痛哭流涕，陆九渊灵柩离开荆门时，前往吊唁的民众塞满街巷，都舍不得陆九渊离开荆门。荆门百姓尊称陆九渊为“陆夫子”，并在陆九渊曾经讲学的地方修建了“陆夫子祠”，世代纪念他对荆门的贡献。陆九渊的灵柩运回老家金溪，被安葬在家乡青田村的东山之上。出殡的那天，四方参加送葬的学者多逾千人。陆九渊知荆门军期间，忧国忘家，鞠躬尽瘁，做了许多实事，后人称之为“荆门十政”。陆九渊在荆门的“躬行之效”，为我国古代社会治理提供了一个彪炳千秋的典范。

陆九渊的一生虽饱经人生风雨，但他并不孤立地关注个体人生与自我幸福，而是将其同现实中的国家利益、民族命运紧密相连，从而产生出一种强烈的爱国热忱与社会责任感，并将这种热忱与责任努力地践行于行政事务中。作为思想家和教育家，他毕生的宏愿是以天下苍生为念，以当仁不让的高度社会责任感和使命感，关心时事，为国家的前途和人民的命运而担忧，努力探索实现民族振兴的理论之路。这表现了他忠于国家、忠于民族，表现了在新形势下探索重建儒家理论大厦的勇气，表现了中国古代知识分子特别是思想家的典型性格，表现了其巨大的人格魅力。

第四章

传经论道创心学

陆九渊在创立心学的过程中，心学的传播途径主要有两个：一是到处聚徒授业，传播思想的种子。陆九渊先后在金溪、临安（今杭州）、贵溪等地收徒讲学，宣传其心学思想。傅子云在金溪构筑陆派门户，“甬上四先生”在四明传播心学于浙东，钱时在贵溪象山书院讲学弘扬陆学理论。二是通过书院会讲，辩难论证传播心学。如鹅湖之会、白鹿洞书院的“义利之辨”以及与朱熹长达三年的书信交锋。通过上述两种方式，进一步扩大了心学的影响力。

第一节　“心即理”的哲学观

陆九渊心学思想的核心是“本心论”，这与同时代朱熹的“理本论”完全异趣。陆九渊的“本心”说，基本上是继承孟子性善论而来的，同时也有他自己智慧的参透。

何谓“本心”？陆九渊最得意的门生杨简，曾问过什么是“本心”，陆九渊的回答是“仁、义、礼、智四端”。孟子讲不需要考虑便明白的“良知”，不需要学习便会做的“良能”，都是先天赐给人的，是本来内在于人自身的，不是从身外搜寻得来的，这就是陆九渊讲的“本心”。既然“本心”是良知、良能，那么说“本心”具有知觉能力也是可以接受的；既然“本心”可以正确判断是与非，那么说“本心”具有善性也是完全合理的。通俗地说，“本心”就是先天地内在于人心的、具有知觉能力、可以判断是非的道德品性。

在陆九渊看来，作为先验道德意识的“本心”，与人是同一的，人若无“本心”则不成其为人，所以“本心”是对人先天善性的一种规定；而人之所以能够在生活中体现他的善的品质，乃是因为他内具“本心”这一根据，所以“本心”又是道德价值之源，是人为善去恶的根据，而且这是普遍性的、绝对性的、超越性的。

何谓“理”？在陆九渊心学体系中，还有另一个重要性与“心”相当的范畴，那就是“理”。陆九渊说，宇宙茫茫一片，无边无际，但有一个东西充塞着这个宇宙，这个东西就是“理”；而且，自古以来的圣人忙忙碌碌，上下求索，都是要求得这个“理”。

陆九渊说，所谓“理”就是正理、公理、实理、常理。这个“理”是普遍存在的，无论是从个人自身看，还是从广大民众看，无论是从尧、舜、禹三帝王看，还是从天地鬼神看，都可以证明“理”是客观存在的。“理”是永恒的、绝对的、万能的，它能造就无穷无尽的变化，宇宙万物的化生、春夏秋冬四时的更替、阴阳五行的运行、人为制度的建设等，都是“理”所为。所谓“理不变”的含义，就是讲“理能造就无穷无尽的变化”这个道理是不变的。因此，不管是建立人世间最高的根据，还是规范人伦社会的秩序，如果该变的不变，该改的不改，都是对“理”的违背，都将遭到惩罚，并走向失败。

“理”还有一种神奇的效应，若你讲出来的话充满善良，那么将会有远在千里之外的事情应验你讲的话，你会得到奖赏；如果你讲出来的话充满邪恶，那么也将会有远在千里之外的事情应验你讲的话，你将遭到惩罚。“理”显得很神秘，被赋予了因果报应的属性。这个“理”也是客观的、独立的，它既不会因为人的认识状况而改变，也不会因为人的行为状况而增减。你认识它，是“理”，你不认识它，还是“理”；你实践它，是“理”，你不实践它，还是“理”。这个“理”是公平的、无私的，它好比日月普照万物，不会因为某物的美丽或富有而阳光普照，也不会因为某物的丑陋或贫穷而阳光暗淡；它好比大地上的水，自然的流动永远是将坑洼填平。“理”是完满无缺、晶莹剔透、圆融无碍的，就好比一颗珠子，掉进水中，珠子的光彩可能会因为水的浑浊而显露不出来，但这并不意味着珠子的光彩丧失了。

因此，一般情况下，宇宙间的这个“理”永远是光彩夺目的，它从来不会逃遁隐藏，它是天地万物的根据。人依照这个“理”做人行事，便不会有私心杂念，便不会有阳奉阴违，便不会有男盗女娼，而这也是人能与天、地并立为“三极”的原因。如果有人埋怨自己不能认识“理”，那也怨不得“理”，只能怨自己“心”有病，因为“理”从不隐藏、从不躲闪，所以只能从自身找原因。

这个“理”也是先天地内在于心中的，不是从外面获得的。如果有人将这个“理”称为身外之物，并强力求索，那么他不仅会一无所获，而且会劳累身心。既然这个“理”是正理、公理、实理、常理，那么人肯定是不能也不应该违背这个“理”，而应该消化这个“理”、遵循这个“理”、实践这个“理”。不过，要遵循这个“理”，有个前提，那就是先得认识这个“理”。

陆九渊认为，这个“理”绝对存在于广袤的、无垠的宇宙空间之中，甚至连天地鬼神都不可违背，更不用说人了。不过，如果能认识这个“理”、遵循这个“理”、实践这个“理”，那也是有积极回报的。假如你掌握了这个“理”，你就能成为自己的主宰，一旦成为自己的主宰，身外之物便无法感移你，歪理邪说就不能迷惑你，声色利欲就不能侵蚀你。而且你就可以用公理、正理来武装自己，去除私心杂念，将别人善的行为当作激励自己的动力、鼓励自己的榜样。因此，学者们应该把发明这个“理”当作一种使命，让所有人都能认识、理解这个“理”，因为只有明白了这个“理”，才可能有实际的行为，做实际的事情。总之，这个“理”是不能违背的，是应该领悟的，因为人只有认同、觉悟、把握了这个“理”，他才能挺立自我，才能滋养自我，才能百事无忧，才能成就大业。每个人都有这个“心”，每个人也都有这个“理”，简而言之就是“心即理”。

“心”与“理”的直接同一，不是主观杜撰的，而是有经典根据的。他说，孔子和孟子讲的“吾道一以贯之”，就是“心理为一”的意思。单独从“仁”来讲，“仁”就是仁爱之心，这个仁爱之心成为每个人接受的道德原则并贯彻于他们的行为，便成了“理”。所以，求“仁爱之心”也就是求“仁爱之理”，知“仁爱之心”也就是知“仁爱之理”。以此类推，“尽孝之心”就是“尽孝之理”，“推敬之心”就是“推敬之理”，因此可以说，“心”与“理”是同一的。

陆九渊讲的“本心”就是“公心”，是以天下为公的道德精神或品质，是没有任何私意的纯粹之心；“理”是天下万物普遍遵循的正理，是没有任何偏私的大道；一个是天下的“公心”，一个是天下的“公理”，它们的内涵、它们的品质并无二致，当然可以说“心”就是“理”了。比如，圣人与普通人虽然有智愚的差别，但行走在路上的普通人也可能成为圣明的尧帝、舜帝，成为圣人，因为他们的“心”和“理”是一样的，正所谓“千万世之前有圣人出焉，同此心，同此理也；千万世之后有圣人出焉，同此心，同此理也”，“满街都是圣人”。所以说，每个人都有这个“心”，也都有这个“理”，“心”与“理”本是一个东西。

陆九渊反复强调，“心”就是一个“心”，“理”就是一个“理”，“心”也就是“理”。实际上它们就是一个东西，义理根本没有任何差别，所以，这个“心”和“理”是不能分离为二的。“理”这一普遍的道德原则，就是根源于那个具有善性的“心”。因此，伦理道德也都发自“心”。陆九渊说，发孝敬之心，便是孝敬之理；发慈悲之心，便是慈悲之理；发忠贞之心，便是忠贞之理；发友悌之心，便是友悌之理。因此，孟子讲的“尽心”，其实就是这个道理，是非常重要的。

陆九渊认为，“本心”虽然也被赋予客观性，但毕竟是主观性的，“理”虽然被认为是先验的、内在于心的，但“心”与“理”却发生化学反应，发生根本性变化。“本心”虽然是善的，虽然是天所赋予的，但它更偏于主观的属性。也就是说，“本心”主要是从主体的自我觉悟处开发人对道德的自觉，然而同时可能因为主体性膨胀而难以把持，一不小心便跟着感觉走，被外在欲望所诱惑，致使“本心”丧失。因此，“本心”具有双重性，它既可能使本有之善完全彰显出来，也有可能使本有之善完全丧失。

“理”是道德原则，是公理、正理，是规范，当然是善。更重要的是，“理”具有客观性，是常理。因此，“理”主要是从外在的、强制的方面来培养人对道德的自觉，然而同时可能因为客体性的僵持而难以为主体所接受和消化，致使完美的道德原则、道德品质拒人于千里之外。如何解决“心”和“理”处于互不隶属甚至相斥的局面呢？陆九渊认为最好的办法就是将它们撮合，让它们成为一对相互滋养、共化困境的“恩爱夫妻”。

宇宙法则或儒家伦理就在“心”中，从而使“心”具有了他律性、客观性，从而使“心”不致随意膨胀、为所欲为。所以，“心即理”，对于“心”而言，在很大程度上约束了“心”所具有的主观性，限制了“心”的随意性、放纵性。由于“心”是内在的，又偏于主观自我把持和自觉，正如孔子曾说，“仁”这种德行内在于每个人“心”中，人所要做的就是自我把持和挺立；人所要做的就是将这些德行尽最大努力发挥出来、彰显出来。因此，讲“理”在“心”中，就是告诉人们，美好的品德人人具有，想做善事并不是件困难的事，每个人都应有做善事的责任和觉悟。“心即理”这个命题具有极大的创造性，含有很深的意义。它不仅在理论上缓解了儒家道德思想体系中的内在紧张和冲突，而且也在实践上为人们行善提供了有效的指导。

陆九渊不仅是一名卓越的思想家，创立了独成一派的学说——心学，而且还是一位卓越的教育家，开坛讲学，学生多达数千人。陆九渊教育思想是陆九渊心学的延伸，陆九渊有着自己独树一帜的教育思想，认为“心即理”，认为学习应该多多向内求索，而不是简单地向外求索，这也是陆九渊心学的延伸。

第二节　槐堂诸儒

乾道八年（1172），陆九渊获“赐同进士出身”之后，在都城临安住了四十多天，开启了他的讲习生涯。虽然有邸报的传扬及贡院吕祖谦等大儒的举荐，但陆九渊在廷试中表现一般，最终只获“赐同进士出身”。但陆九渊才华出众，思想深邃，临安士子纷纷慕名前来拜访陆九渊。

《象山先生年谱》载：“先生既奉名，声震行都……诸贤从游，先生朝夕应酬问答。学者踵至，至不得寝者余四十日。”接待接踵而至的拜访者，令陆九渊疲于应付。由于从游问学者太多，他忙得不可开交，好在有书童陆春弟照顾他的起居。陆九渊过得十分俭朴，每天便饭两顿，有时太忙了，只能吃上一顿。每次接见从游问学者，他都头戴玄色幞巾，身穿灰色长袍，盘腿趺坐，静重如山，话语不多，却言简意赅，耐人寻味，多使来者心服。这段时间先后从游的学生有杨简、袁燮、舒璘、沈焕、徐谊、王有大、石崇昭、胡拱、孙应时、诸葛受之、高宗商等。学生袁燮曾这样记录陆九渊讲学的情形：前往先生处问学的人络绎不绝，有时先生竟夜以继日地接待学生问学，然而先生却从不曾微露焦急之色。先生讲学时思路清晰，神采飞扬，周围听讲者，无不兴致盎然。

南宋时期，参加科举考试的人虽然中了进士，但要做官还需等候朝廷的安排与任命。在未上任之前，陆九渊不得不回到金溪故里青田，在家候职。陆九渊刚回青田不久，许多求学者“远近风闻来亲炙”，这些人有抚州境内的，也有远道而来的。他天天和这些学子聚在存斋切磋学问，生活简单且充实。慕名前来的求学者越来越多，陆九渊与几位兄长商量后，决定以槐堂存斋为中心，创办一个书院讲学。槐堂位于老屋偏东，因为堂前有一棵老槐树而得名。陆九渊因地制宜，只是在原有的基础上，进行了一些改造。在陆九渊的亲自监督下，近半个月，槐堂就修葺一新。中间是“存斋”，老槐树周边就是一个空场地。槐堂之东有几间教舍，西有“高轩”，北有“南窗”，东有“留轩”。“留轩”是一个院中院，离槐堂不远，还有茅堂，适于士子往来暂憩。此外，客厅、客房、炊室等一应俱全。槐堂是一个雅致且实用的庭院，可容纳一百余人。陆九龄为槐堂挥笔写就两副门联：“讲习有乐书非求口诵，钻磨无涯学必到心斋”“酒可陶吾性与曾点同志，诗堪述所怀偕屈原行吟”。这两副对联的内容均取自陆九渊青年时所作的《郊游诗》，几位兄长一致夸赞陆九龄转化得好。陆九渊也写就了“槐堂书院”四字，端重遒劲。同时还添写了一副门联：“宇宙便是吾心，吾心即是宇宙。”陆九思吩咐将联语堂额全部制成木匾悬挂。

槐堂书院落成那天，热闹异常。在爆竹声中，那株老槐树似乎越发蓊郁，精神抖擞，槐堂书屋更是彻夜灯明，畅谈声声。陆氏兄弟中陆九龄、陆九渊两人荣登进士后，在家候职期间，都在槐堂讲学。兄弟俩和学者士子们一道在这里迎来了数不清的黎明曙光。其实，槐堂书院也恰似一道曙光，它不仅照亮了士子之心，也照亮了一个时代。新科进士陆九渊开讲席的消息不胫而走，很快在家乡传播开来。陆九渊为师，不曾设立各种繁文缛节的学规，从游者可自由来去。他让弟子们言行举止端庄得体，使后入门的弟子可以有前人的榜样而受到影响。这种新异做法已足以令人称奇，加之年长于陆九渊的李缨、朱氏兄弟等士绅又率先屈己从师，使得陆九渊声望更著。四面八方拜师问学者蜂拥而至，最为有名的学生有傅梦泉、傅子云、黄叔丰、俞庭椿、徐仲诚、李伯敏、吴金玉、邓约礼、詹阜民等。

槐堂书院的创办，标志着陆九渊正式开始了教育生涯，他的教学特点主要是有教无类、体察心理、因材施教。他要求学生要保存纯洁的心灵、高尚的品德这个大根本，不要让良好的思想行为被各种邪念陷溺。如果被迷惑、被蒙蔽，必须恢复本心，进而提升道德修养。“天地人之才等耳，人岂可轻？人字又岂可轻？”“上是天，下是地，人居其间。须是做得人，方不枉。”“若某则不识一个字，亦须还我堂堂地做个人！”他将“学为人”作为教育的首要目的，将人作为自然和社会的核心，认为教育学生应把学习做人放在首位。人之所以为人，就因为人和动物不同，有一颗善良的心。良心正性，人人都有，如果不失去心灵，不违背天性，谁又不是正人呢？即使有乖失，他想恢复本心，又有什么距离呢？“学问的大道没有别的，就是把那失落的善良的心寻找回来罢了。”陆九渊在讲学中对孟子“求放心”的理论有所发挥和深化，逐渐形成了“发明本心”的见解。

凡是学生进门拜师，陆九渊第一堂课就是“辨志”。学生先要立志，否则只理会文义，便是无志，“先立乎其大者”。自隋炀帝大业元年（605）开始设置进士科实行分科取士，士人之志多是读书做官，除此之外，别无他物。一个人的志向若只是如此，沉溺其中，则会丧失“本心”。陆九渊看到这个弊端，提出了“辨志”，并把“辨志”作为读书的出发点。在他看来，“辨志”就是义利之辨、公私之辨，就是把人从现实的功名利禄、荣华富贵和其他境遇中解脱出来，使人面对是非、美丑、善恶之根本的问题时做一抉择，以便决定自己的人生方向。

学生李伯敏问什么是“立志”。陆九渊说：“一个人就怕无志，而有志向的人没有不成功的。立志的关键在于分辨势利、道义两条道路，而立志，就应先发明本心。”李伯敏又追问：“如何立志？如何发明本心？”陆九渊说：“立志本应是你个人的事，为何问我该如何立？有这种道理吗？”李伯敏听后大悟，并叩谢陆九渊。学生徐仲诚问什么是“本心”。陆九渊并不直接回答，而是要求徐仲诚反复默读《孟子》中“万物皆备于我矣，反身而诚，乐莫大焉”，并琢磨其中的内涵，有感悟收获之后再来与他进行交流。一个月后，徐仲诚来到槐堂。陆九渊问他读那句话的心得是什么，徐仲诚答道：“好比镜中观花。”陆九渊大喜，并告知左右学生：“仲诚见解和我一样了，这个觉悟是别人无法替代的，全在仲诚身上。”学生一片惊愕，无不敬服。詹阜民曾经问学于湖南岳麓书院张栻，可是始终没能觉悟，自从问学于陆九渊，他的疑惑才得以解开。詹阜民曾问：“如何才能悟道？”陆九渊告诉他，问学求道不能溺于文字，不能为文字文章所惑，不能钻在故纸堆里出不来。詹阜民按照陆九渊的引导去实践，结果茅塞顿开，直契本心。陆九渊认为，立下远大的志向，是一个人学有所成、自我完善的首要前提。

陆九渊的教学，取得的重要成就之一就是培养了众多的学者。这些学者天性各异，通过陆九渊对他们的评论，反映出陆九渊因人而异的施教方法："子渊弘大，文范细密。子渊能兼范细密，则非弘也；文范能兼渊弘大，则非细也。"他们都继承了陆九渊的心学思想学说。陆九渊的学生分为江西派与浙东派两大部分。江西派以槐堂诸儒为代表，浙东派则以四明诸儒为代表。

傅梦泉，字子渊，世称曾潭先生，建昌南城（今江西抚州南城县）人，淳熙二年（1174）进士。陆九渊论及门人时称赞傅梦泉"人品甚高，非余子比也"。

傅梦泉一开始读书只是为了中举登第，步入仕途，读书只不过是为了从中资取意见，并非真是求得真义。后来他略有所悟，对自己的志向产生了困惑，于是开始反省。恰巧，他的朋友陈正己刚从槐堂学习归来，傅梦泉便前去打探学习情况。陈正己诉说自己在金溪青田槐堂读书一个月，陆九渊只是谆谆地告诫他要辨志。古人入学之初就开始辨明志向，而今人有些终其一生也不知道志向为何。对陈正己的答话，傅梦泉并未深切领会，但似乎觉得有些道理。因而一直念念不忘，时常琢磨。

有一天，傅梦泉又翻读《孟子·公孙丑》，突然脑海灵光一闪，心胸豁然开朗，他感到孟子的话与自己心灵相通相契，他对陆九渊的告诫顿然有所感悟。于是，他合上书卷，喟然长叹："我平生志向就是通过读书博取功名，我投入了全部精力，实在是不得要领，误入歧途！”此后，傅梦泉开始试着辨志，却不知道如何下手。于是，傅梦泉来到金溪槐堂，正式拜陆九渊为师。在陆九渊的开导启悟下，傅梦泉终于明白了“义利之辨”。

傅梦泉为官衡阳，由于他的影响和魅力，归依他的学者众多，就连太守也对他礼敬有加。宁都是当时出了名的治安混乱之地，而傅梦泉主政时，关注民生、稳定社会、施以教化，不到一年的时间，风俗焕然一新。当时就有人评论他有西汉循吏之风。不过，傅梦泉学术成就一般，代表作有《石鼓文集》遗存于世。

傅子云，字季鲁，金溪县何源人。他自童年起就加入陆门，跟随陆九渊。但由于年纪太小，先师从邓文范。象山精舍落成，陆九渊开讲时，听众按照年龄排序，傅子云最年幼，自然在末席，但陆九渊叫人在他身旁特设一席给他坐，并经常让傅子云代自己主讲。有人对陆九渊的做法提出疑问，陆九渊便告诉他们说：“傅子云是天下难得的英才啊！”陆九渊赴荆门为官，暂时离开象山精舍，他便将傅子云留下，握住他的手说：“书院的事情，全部托付给你了，希望你能在此继续传播我的学说。”可见陆九渊对傅子云是何等的信任。傅子云曾说：“科举考试的得失与穷困通达没有关系，一个人的穷困通达与贤不贤也没有关系。”这句话被当时的人当作名言。

傅子云曾为瓯宁主簿，判案必秉公办事，无人不心服口服。最值得一提的是，为争取到陆门心学儒学道统的传承地位，傅子云奔走呼喊。他曾动情地说：“孟氏去今有七百余年，七篇具存，晦蚀甚矣。其间出而力扶吾道者，固有其人，然至我朝伊洛诸贤而始盛，殆冲和郁蓄之久，故间见层出者非一。惟象山先生禀特异之姿，笃信孟氏之传，虚见浮说不得以淆其真，夺其正。”傅子云在槐堂诸儒中算著述颇丰者，著有《易传》《论语集传》《中庸大学解》《童子指义》《离骚经解》等。

黄叔丰，字元吉，金溪人。是师事陆九渊时间最久的学生，在陆九渊心目中，也是仅次于傅子渊、邓约礼的优秀学生。陆九渊知荆门军时，黄叔丰随从前往，并记下与陆九渊的答问，题目叫《荆州日录》。陆九渊曾说：“黄元吉跟随我十五年，是得到我学问最多最深的一位学生。他开始几年向外求索，毫无收获；中间数年陷入一意见窠窟；到最后几年才痛加锻炼，并开始自立无所依傍。”可见，黄叔丰完全是在陆九渊眼皮底下成长起来的。

俞庭椿，字寿翁，抚州临川人。此人风流倜傥，志向远大。乾道八年（1172）任南安主簿，后调任怀安，曾两次任古田令，从政具有一定的改革精神。俞庭椿博通经术，常提出一些振聋发聩的观念，如指出：“六经惟《诗》失其六，《书》逸其半，《周礼·司空》之篇有可得言者。”他认为“冬官亡佚”的说法并不可信，遗篇仍旧存世，因而《周礼》经、记合一而生不怿之感可以冰消了。这与郑玄的观点完全不同。俞庭椿是陆九渊学生中一个真正富有创造性的学者，然而却是并未被陆九渊所重视的弟子。他著有《周礼复古编》《北辕录》。

后学包恢在为陆九渊作的《象山先生年谱后序》一文中说：“在家，则远近闻风来学，而中情者或至汗下；在白鹿，则剖判义利，著明而动心者或至流涕；在浙，则从游多俊杰，咸听言而感发；在象山，则学徒益大集，皆闻教而屈服……莫不明白洞达，深切痛快，如锋直破的，如刃解中节。”一堂讲学，台下流汗流涕，脑洞直破，这如痴如醉的一番情景，与其说是一次知识表达，不如说是一场情感表演。这与陆九渊的学问之道相关：学问是为人，还是为学？他称自己只为“做人”，不为“做书”。要殚精竭虑做书，尽得风流做人。故陆九渊学问词典中没有“谨慎”二字，反有关不住的“张狂”：一是“发明本心”的唯心主义，二是“自作主宰”的唯意志主义，三是“先辨义利”的绝对主义，四是“易简工夫”的反智主义。

陆九渊在临安通过会试，受到吕祖谦的特别关注。在临安逗留期间，他结识了“甬上四先生”，纳其为弟子，又通过槐堂讲学，接纳了更多的弟子，这些活动无疑都为陆学的传播和发展创造了条件，为陆派门户的构筑奠定了基础。更重要的是，在此期间，陆九渊基本确立了自己以“本心”为其学说基本范畴的理论思维。亚圣孟子在《孟子·公孙丑上》提出“恻隐之心，仁之端也；羞恶之心，义之端也；辞让之心，礼之端也；是非之心，智之端也”；“古人教人不过存心、养心、求放心，保养灌溉。此乃为学之门，进德出地”。故其讲学，主要是“令人求放心”“谆谆只言辨志”。

槐堂讲学期间，陆九渊还提出了自立、自重、自得、自成、自道的教学理念。所谓自立、自重，就是要以自己为主，不做墙头草，不可随便学他人言语，随人脚跟，拾人牙慧；所谓自得、自成、自道，就是为学不能光倚靠师友典籍，要有自己的思考，不做他人的“奴隶”。要有开放发展的精神，不要固守已有的旧观念；要有成就自己学问的胆识，努力创新。

槐堂讲学基本上奠定了陆九渊一生的学说特质。

槐堂讲学三年，陆九渊逐渐形成了先立志以识义利之别、血脉上感移、强调践履等教育主张。在讲学方法上不立学规，而是激励学生自己奋发进取，个人认真钻研寻找答案，并在集体讨论的交流中相互产生影响，使学生在无形中得到进步。他要求弟子以自学为主，论辩为次，静坐为辅。陆九渊的学问精神和思想精髓，以及槐堂别具一格的个性化教学风格，通过士子们的口耳相传，在抚州境内形成社会轰动效应，附近州县的大批士子蜂拥而至拜入陆九渊门下，历史上将他们统称为“槐堂诸儒”。据《宋元学案》载，较为有名的学生有傅梦泉、邓约礼等六十余人。这些弟子学有所成之后离开槐堂，后来广泛分布到全国各地传播陆门学问，开枝散叶。他们选择风景优美之处创办斋舍讲堂，宣扬、推广陆氏之学，为陆学的传播发展做出了很大贡献，成为陆学的中坚力量。在槐堂书院，陆九渊已形成了一套完整的理论雏形，槐堂的教学内容为他后来的心学思想体系的确立奠定了坚实的基础。

总而言之，“槐堂诸儒”对陆学的传播、师门的确立，乃至陆九渊学术地位的提升，都产生了积极的影响。“槐堂诸儒”对于陆学的贡献，不是在理论的阐发上，而是在宗派的确立上。

第三节 “甬上四先生”

陆九渊后学，除了“槐堂诸儒”，便是浙东的“甬上四先生”。“甬上四先生”是南宋中期四位明州（今浙江宁波）学者杨简、袁燮、舒璘和沈焕的合称，他们是宋明理学中心学一派开创者陆九渊最重要的弟子，也是陆学的重要代表人物。由于师出同门，四个人的学术风格及治学特点都极为相近。全祖望在《宋元学案》中谈道：“象山之门，必以甬上四先生为首。”陆九渊病逝之后，陆学思想的传承中心逐步转移至浙东，清代学人全祖望述说了这种境况：“槐堂之学，莫盛于吾甬上，而江西反不逮。”在全祖望看来，甬上四学者对于陆学的贡献远大于“槐堂诸儒”。

杨简（1141—1226），字仲敬，浙东明州人。南宋著名易经学家，陆门心学思想的主要代表人物之一。他晚年致仕后，曾隐居于德润湖，后将此湖更名为慈湖，因此世人尊称他为“慈湖先生”。杨简是陆门众多弟子中著述最为丰富的学者，对心学进行了系统化和理论化的阐释，他继承了陆九渊的学术思想并极力在浙东地区推广传播心学，发扬并传播陆门学派思想，促进明州学术思想体系的发展，为明朝王阳明继承和吸收陆九渊的心学思想起到至关重要的作用。

《慈湖先生年谱》记载：年仅八岁的杨简就心智成熟，“入小学，便俨立若成人”，他办事老练稳重，言行举止都符合礼仪，不愿跟小伙伴们一起玩耍。待杨简长大成人之后，对父母极为孝顺，勤学苦读，致力于弘扬圣学。写文章有章法，“言有序，章有法”，文字俊美灵秀且逻辑严谨，树立“以发明圣人之道”的宏愿。杨简比较坚持自我，为人处世从不随波逐流、附和世俗，透出中国传统读书人的脊梁、学者的骨气。年仅二十一岁的杨简就进入太学读书。太学是中国历朝历代的最高学府。他闲暇之时面壁沉思，凝神静气端坐养气。在太学勤奋苦读时，他还广交志同道合的同窗，除了同乡好友舒璘、沈焕等，他还与陆九龄交好，经常一同探求学问、激扬道义。陆九龄、陆九渊兄弟二人的学术观点相互影响，其宗旨在总体上并无二致，陆九龄在二人学术交流过程中，将陆氏兄弟的心学种在杨简的心间，为杨简拜入陆门做了铺垫。

乾道五年（1169），杨简被推举参加进士考试并顺利高中，被任命为富阳主簿，“每日讽咏经书，以德化民，兴学养士，日与讲习，文风振兴”，在教化民众方面功劳甚大。因在富阳任职期间政绩卓著，后升迁为绍兴府司理，主要负责管理审判等司法工作，属于正七品官员。他经常到牢狱审问犯人。他静默端坐，颇具威严，让犯人自己陈述犯罪的事实及原因。然而有些过错并不全在犯人，杨简在审判时会依据所掌握的情况，对不构成犯罪的、证据不足的、胁从犯罪的等从轻处罚。

杨简后来调任饶州乐平县县令，在主政乐平县期间，大力兴办学校，教化百姓，乐平县被治理得路不拾遗，百姓皆以因犯罪而被诉讼为耻，杨简也因此深受当地老百姓的爱戴。杨简因替赵汝愚上书辩解遭到训斥，被贬为主管崇道观的闲散官职，之后再调任有官名而无职事的朝奉郎。嘉泰四年（1204），杨简被差遣到全州任职，再次担任散官。即使陷入仕途的低谷，杨简遇到不平之事，依旧仗义执言。后来，杨简再次因言获罪，再度遭贬，主管仙都观。

南宋庆元年间，禁伪学前后历时六年之久，史称“庆元党禁”。杨简因卷入“庆元党禁”的政治旋涡，因而遭到罢黜，以祠官的身份赋闲在家长达十四年之久。韩侂胄死后，宋宁宗改元嘉定，肃清韩侂胄弊政带来的负面影响，同时起用一批忠于朝廷、务实能干的老臣，杨简迁著作左郎兼兵部郎官。嘉定三年（1210），七十岁高龄的杨简被授温州知府，“善政毕举，采士民善行集”，使温州的民风得到极大的改善。之后又迁任工部郎官、秘阁修撰等官职。南宋理宗赵昀登基之后，于宝庆二年（1226）授杨简敷文阁直学士。后卒谥“文元”。杨简四十余年的仕宦生涯，在历任官职上的所作所为，全面展现了其耿直刚正、尽职爱民、政绩卓著的儒官形象。

杨简于乾道五年（1169）中进士，陆九渊乾道八年（1172）才中进士，为什么杨简成了陆九渊的学生呢？杨简的父亲叫杨庭显，他与陆九渊是忘年之交，陆九渊为杨庭显撰写墓志铭，赞誉他为“四明士族，多躬行有闻，公家尤盛”。杨庭显在四明一带极有名望，是一位仁爱有德、崇仁向善的儒学弟子。他对陆九渊的学问极其推重和敬佩，据史料记载，杨庭显与陆九渊深入交谈之后，回家便将他多年珍藏的许多书付之一炬，只保留了与陆学观点相一致的书，可见杨庭显受陆九渊的影响之大。

杨庭显某日散步，无意中行至菜圃，他突然发问：假如有小偷来偷我们家的菜蔬，有什么好的办法可以防止被盗呢？管理菜圃的仆人回答道：最好的办法莫过于分出其中一小部分赠送给他们。杨庭显听到这个答案非常意外，他愉快地对杨简说：他完全可以做我的老师了。正常人对于偷鸡摸狗的行为都极为痛恨，而杨庭显却非常认同仆人的观点，将家里的部分财物分给穷苦大众，从而解决了小偷小摸的问题。杨庭显认为有部分人选择作恶，有可能是因为生活过于贫困，迫不得已才去偷窃他人财物，所以他认为这是一种有效减少偷盗行径的好办法。杨简从小就深受家学熏陶，尤其是父亲杨庭显的言行举止对他的成长影响极大。

乾道八年（1172），陆九渊获“赐同进士出身”，时任富阳主簿的杨简到京城临安出差公干，此前他久闻陆九渊的才名，于是前去拜访陆九渊，并留下一个“何谓‘本心’”的难题。当时陆九渊的访客众多，再加上杨简的公务极其繁忙，等不及深入交流便先行告辞。临行之时，他邀请陆九渊闲暇之时到他任职的富阳县游玩，到时再当面向他请教。六月，陆九渊从临安返回老家金溪省亲时，路过富阳县。在喧闹嘈杂的富阳县集市上，陆九渊恰巧遇到两个人正因为买卖扇子而起了争执。顾客以扇子的质量较差为由，认为这属于卖家的责任，要求卖家退款；而卖扇子的人认为扇子不存在质量问题，拒绝了买家的请求。两人争得不可开交。陆九渊到杨简府上，杨简继续向陆九渊请教何谓“本心”。陆九渊回答，孟子所讲的“四端”——恻隐、羞恶、辞让、是非就是直指道德本心。陆九渊的这个答复让杨简有些疑惑，道：孟子的所有文章，我从小便熟读，但没有任何语句谈及什么是“本心”啊。恰巧，刚在富阳街头闹市上为买卖扇子而起争执的两个人闹到了县衙，杨简只得暂停两人的交流讨论，起身前往县衙处理这桩买卖纠纷。待处理完纠纷之后，杨简仍困惑何谓“本心”，陆九渊以刚才所发生的案例点醒杨简，厉声答道：“孰是孰非”，“非本心为何？”你不是刚刚调解了那个纠纷吗？你只需明白谁对谁错，对者对在何处，错者错在何处，这就是遵从自己“本心”啊。杨简被这番话击中，“忽觉此心澄然清明”。杨简回到房内，端坐在桌前沉思了一整夜，到第二天天明，终于顿悟，对陆九渊佩服得五体投地，遂拜陆九渊为师。

杨简晚年居家回忆当时情形时记忆犹新：“简发本心之问，先生举是日扇讼是非答，简忽省此心之无始末，忽省此心之无所不通。”而陆九渊后来也曾高度评价杨简此次顿悟，“仲敬可谓一日千里”。可见杨简顿悟收获之多，从而脱胎换骨。正是这次神秘的扇讼之悟，确定了杨简学问的心学方向。

杨简在政治上的成就不是很大，但其在学术事业上却很突出。他是陆门中著述最多的学生，《宋史·艺文志》收录杨简的著述多达十二种，而光绪年间《慈溪县志》卷六中收录了二十四种，可见杨简的遗著之多。杨简正是通过这些学术著作，对陆九渊“心学”的传播与发展做出了特殊的贡献。《宋史·杨简传》高度评价他的学问之深：“杨简之学，非世儒所能及，施诸有政，使人百世而不能忘，然虽享年，不究于用，岂不重可惜也哉！”这些评价虽然有些夸张，但也看出杨简的学术思想还是得到了主流史家的认同。

袁燮（1144—1224），南宋著名哲学家，庆元府鄞县（今属浙江宁波）人，世称絜斋先生。袁氏原籍河南开封，辗转来到鄞县，至南宋时，袁氏逐渐发展成为当地望族。袁燮青年时读史籍《党锢传》，慨然以名节自期，与沈焕、杨简、舒璘等同时入太学，朝夕切磋。从学于吕祖谦，与陈傅良为友，太学的学录是陆九渊的五兄陆九龄，他们以道义相切磨。后通过陆九龄接触陆九渊“发明本心”之说，便拜陆九渊为师，归到陆九渊门下。

淳熙八年（1181），袁燮高中进士，授江阴尉。浙江西部发生百年一遇的大饥荒，提举常平司下令开仓赈济灾民。袁燮协助上司打开县里的义仓，及时向受灾的民众发放定量的粮食。同时他还命令每保（宋时十甲为一保）绘制一幅详细的当地地舆图，将山峰、河流、桥梁、道路等详细标记其上，县里可以迅速地掌握乡村的受灾数量及严重程度，为赈灾的统一调度提供有力支撑。由于绘制舆图的创举，再加上他沉着冷静，敢于任事，于是他被任命为赈灾的长官。

绍熙元年（1190），宋光宗赵惇即位，召袁燮为太学正。庆元年间党禁兴起，袁燮因非议遭贬黜。后来宋光宗即位，袁燮曾多次担任闲散郎官，后被重用改任国子监祭酒、礼部侍郎。由于袁燮性格耿直，与丞相史弥远的政见相左，被迫罢官返回老家宁波居家讲学。袁燮一生仕途坎坷，多次遭到贬黜，前后十七次担任官职，最终官止通奉大夫。嘉定十七年（1224）以八十一岁的高龄因病离世。朝廷肯定袁燮一生的成就，谥号“正献”。

袁燮学识渊博，造诣精深，罢官居家时曾在城南书院（后更名为絜斋书院）讲学。袁燮为《尚书》大家，教导学生“反躬切己，忠信笃实”，“人心与天地同本”。袁燮认为，做官要顺应民心，做学问则要学贯古今。袁燮的学术思想除继承陆九渊“心学”，还保留自身的治学特点，真德秀曾高度评价袁燮的学术成就：“公自少有志经济之业，每谓为学当以圣贤自期，为宦当以将相自任。故其所讲明者，由体而用，莫不兼综。谓学不足以开物成务，则于儒者之职分为有缺。自六艺百家与史氏所记，莫不反复抽绎，而又求师取友，以切磋讲究之。”在继承和发扬陆门学派的思想方面，袁燮没有做太大的改变，而是忠实地将陆九渊的学术观点保留下来：“其传金溪之学较杨简为笃实。”袁燮从“实行”的角度扩展了陆九渊的“心学”。袁燮著述也较为丰富，遗存后世的著作主要有《絜斋集》二十四卷、《絜斋后集》十三卷、《絜斋家塾书钞》、《絜斋毛诗经筵讲义》。

舒璘（1136—1199），字元质，一字元宾，奉化广平（今属浙江）人，因建家塾名为广平书院，世人称他广平先生。青年时期的舒璘进入太学深造，与杨简、袁燮、沈焕等人形影不离，关系极为密切。舒璘曾先后请教于东南三贤的三贤——张栻、朱熹、吕祖谦，最后却拜入陆九渊的门下。

乾道八年（1172），苦学多年的舒璘进士及第，初授四明郡学教授，结果未能赴任。舒璘先后任职多处，但多为教职。在担任徽州府教授一职期间，他乐于钻研教学，勉励士人要注重个人的道德修养，要增强自己的真才实学。他的讲学内容朴实，情真意切，深受学生们的认可，因而被士子誉为“天下第一教官”。后迁平阳县令，当时郡内的政令比较苛刻，舒璘“告以县民疾苦，郡守改容而敛”，使民众的压力得以较大缓解。

舒璘跟随张栻、陆九渊游学时，刻苦磨炼自己的意志，改掉自己的毛病，积极向善，每天都有新的收获。他听好友说朱熹、吕祖谦等知名学者正在婺州（今浙江金华）讲学，于是徒步数百公里前往婺州拜访求教，他给家人写信说：“敝床疏席，总是佳趣；栉风沐雨，反为美境。”舒璘为学以笃厚实在为主，没有丝毫的矫揉造作，他主张躬行愈力，德性愈名。

舒璘的思想有两个特点：一个是平实，另一个是折中。说他的思想平实，是指他将老师陆九渊的思想更加生活化。他认为“心”虽是本体，但这个本体之“心”，表现在丰裕人身上就是减少过错，表现在读书上就是积蓄德行，表现在齐家上就是和睦家庭，表现在处事上就是恰到好处。说他的思想折中，是指他的思想折中于朱、陆。他认为朱熹是那个时代的人杰，一般人达不到朱熹的境界。如果他的思想与朱熹的思想存在不合的地方，他的主张是暂且搁置，不应一棍子打死，而对于相合的地方则应当虚心学习、接受。杨简高度评价好友舒璘的学术成就：“元质于书无所不贯，尤精于毛郑诗……自磨砺于晦翁、东莱、南轩及我象山之学，一以贯之。”

舒璘怜惜民间百姓的疾苦，向上司及朝廷提出许多合理的建议及政治主张，希望能够真正减轻人民沉重的负担。他曾主张改进“以丰补歉”的平仓制度。古时各州县将丰年积余的粮食储藏起来，留待灾年歉收时再取出赈灾。然而平仓制度实行多年，因陈粮而导致浪费，甚至滋生了不少腐败行为。因而舒璘建议推行一系列的民生改革，如合理节税的“茶盐之法”、为穷苦民众减负的“租税之法”、赈灾济民的“赈灾之法”以及能抑制流寇的“保长之法”等。舒璘在地方任职时大力推行这些改革，其敢于创新的改革精神与踏实的工作作风动了他人的利益，为舒璘招来许多政敌，导致他的仕途一直不顺，甚至多次遭遇罢黜。

舒璘与兄长舒琥、弟弟舒琪一同拜入陆九渊门下，他到处游学之后便回到奉化老家。尽管舒璘官位不显，但在乡里非常受人尊重，他曾被乡人尊为“忠信之士”。他为人、治学奉行“笃实不欺”信条，因而在乡里的影响力和号召力极大。赋闲在家的舒璘在城南书院讲学，追随他的门人弟子众多。庆元五年（1199），六十四岁的舒璘离世，谥号“文靖”。舒璘的著述风格朴实无华，四平八稳，文如其人，以“平实”二字可概述其跌宕起伏的一生。留有《诗学发微》《诗礼讲解》《广平类稿》等文章遗存后世。

沈焕（1139—1191），字叔晦，定海（今浙江宁波市镇海区）人，世人尊称其为定川先生。他的父亲沈铢曾苦心钻研程颐的理学，曾经做过通判一职。

沈焕小时候就非常喜欢读书，尤其喜欢阅读儒家经典，痴迷到手不释卷的地步。他二十四岁中举，后入太学学习，与杨简、袁燮、舒璘等三人既是同窗好友，又都来自明州，均与陆九龄交好并向他请教学问。袁燮记述说：“始与临川陆公子寿为友，一日尽舍所学以师礼事焉。”

乾道五年（1169），沈焕顺利通过科考高中进士，一开始他做过上虞尉、扬州教授等小官，在任上他恪尽职守，勤奋敬业。他讲学口才非常好，敦促学生端正学习态度，从而士风为之一变。因为沈焕的教学能力出类拔萃，他被朝廷调至京城临安任职，担任过太学录事、充殿试考官等。他主要负责记录殿试时皇帝提的问题、考生回答的内容，殿试作为抡材大典最后一环，其重要性不言而喻。之后沈焕历任高邮军教授、浙东安抚司干办、婺源县令、舒州通判等不显的官职。沈焕在任期间恪尽职守，所至之处能恤民重教。死后被追赠为朝奉大夫，赐谥号“端宪”。

沈焕致仕后回到家乡明州，镇海县令听闻沈焕回归故里，用隆重的礼仪接待他，并专门为他在镇海创建了南山书院。数年后沈焕迁至鄞县城内定居，在月湖竹洲闭门著书。沈焕思想带有明显的陆学色彩，但却没有和朱、吕异门对立的痕迹。沈焕为人宽厚，没有太多的门户之见，对陆九渊之外的学术思想，也持兼容并蓄的态度。他对朱熹之学虽有不同见解，但也是持商榷讨论的态度。朱熹曾称许沈焕“省身求善不自满足”。

沈焕共著有文集五卷，但均已遗佚。留存于世的沈焕思想资料，有好友袁燮为其编撰的《定川言行编》和清末民初学者张寿镛编的《定川遗书》，可以一窥沈焕的学术风采。

甬上四先生是陆九渊心学的另一条重要传承路线，这条传承路线在坚持陆九渊心学内涵的理论基础之上，从不同角度、不同层面丰富和促进了心学思想的发展，同时主动地与其他学说特别是朱熹之学、吕祖谦之说展开互动，对陆九渊心学发展空间有了一定的开拓，使心学在浙东生根、发芽、成长，并成为明代王阳明心学的基因和营养。尽管陆九渊心学有“槐堂诸儒”和“甬上四先生”两股重要传承力量，但或者是因为陆学的内容天生单薄，没有给它的后学留下延伸、扩展的广阔余地；或者是因为后学不能理解陆九渊心学的意旨，他们逐渐流于平庸，无心于学术的创造；或者因为陆学不为当权者喜好，陆九渊的心学逐渐失去了它鲜明的个性特色，其发展空间越来越小，并逐渐沉寂下来，恰如南宋学者黄震所评价的那样："今未百年，其说已泯然无闻。"

《宋元学案》详细记录了陆九渊学术思想在浙东的传承脉络，"甬上四先生"之后，杨简等人门下杰出弟子有鄞县史文靖、史忠宣等人。还有一个支派因钱时在贵溪讲学而兴盛，钱时是杨简的得意门生，数传之后，江西有余江"三汤子"、浙江慈溪有赵宝峰等人传播心学思想。祝藩、李仲、吴尊光、舒仲昌号称"江东四先生"。安徽则有郑师山等人。直至明朝，陆门思想开始出现复兴，先后出现过陈献章、湛若水等思想大师，直至王守仁（王阳明）继承并弘扬陆九渊的学术衣钵，后人将二人合称为"陆王"。

第四节　创办象山精舍

南宋初期，为了巩固偏安局面，收拾人心的任务显得特别重要。具有爱国思想、民族意识的新一代理学家朱熹、张栻、吕祖谦、陆九渊等应运而生。他们从实际出发，研究儒家经典，吸取佛教和道教的理论，从各方面探索道德人格的重构，创建了庞大而严密的心学体系。而新的哲学思想必须广泛传播才能为民众所普遍接受。但是，历来被看成儒家思想主要传播机构的“官学”已经腐朽，难以改造。因而两宋时期的理学家们不得不另辟蹊径，在宽松的文教政策环境下，纷纷开始选择风景秀丽的山峰及寺庙兴建大批书院，其中，张栻主教的岳麓书院、朱熹改造的白鹿洞书院、吕祖谦的丽泽书院以及陆九渊的象山精舍最负盛名，被誉为南宋四大书院。

淳熙十三年（1186），陆九渊因轮对时得罪了孝宗赵昚，又被政治势力陷害，最终以“祠禄官”的闲职供养。他回到故乡金溪青田里，在槐堂讲学，那些崇拜陆九渊的读书人从四面八方云集而来，听他讲课。听讲的有数百人，槐堂里已经容不下，屋外道路街巷都挤满了人。陆九渊很想找一个偏僻安静、风景优美的地方创办一个书院，弘扬心学。

淳熙十四年（1187），陆九渊的弟子彭世昌到贵溪拜访好友，他在张伯强、张行己兄弟的陪同下游玩应天山，看到山峰高耸而突兀，下有溪谷，幽静而深藏，四周环境极其优美，宛如仙境，于是几个人就商议在山上建造书院，居游于深山。他们深信，深幽秀丽、树木茂盛的应天山绝对是书院选址的最佳场所，决定约请知名学者陆九渊亲赴应天山讲学论道。考察完毕的彭世昌专程从贵溪直奔金溪青田里，将应天山的秀丽景色呈报于陆九渊。陆九渊听闻之后欢喜不已："如你所言，应天山可真是个远离尘嚣的世外桃源，可以安心治学的好地方啊！"

在彭世昌的陪同下，陆九渊登上了应天山。他见应天山面向东南，重峦叠嶂，飞瀑流泉，风景秀丽，气候宜人，盛夏季节不会感到暑热，在山上读书治学，终日不会心烦，是个读书养性的好地方，就答应了上山讲学。应天山位于贵溪西南，距县城约二十公里，交通较为不便，且山路难行，在此创建书院，所耗费的费用会比较多。陆九渊尽管仕宦沉浮多年，但其所任官职都是闲散职位，而且他清廉如水，从不搞歪门邪道，因而家中积蓄委实不多。干劲十足的彭世昌虽有一腔热情，但他的家境也很贫困，若想打造像岳麓书院、白鹿洞书院那样规模巨大的书院，无异于痴人说梦。幸好张氏兄弟家境殷实且慷慨大方，主动斥资在应天山买下一片建造书院之地。

但是，陆九渊决心办平民教育，希望自己的学生有正确的人生观，优秀的道德品质，立志求“道”，堂堂正正地做人。于是，妻子以实际行动支持陆九渊的梦想，她主动变卖陪嫁的首饰，让陆九渊在应天山的南面兴建了一座大草堂，用来当作传经讲道的场所。陆九渊要求学生自己出钱出力自行建房或搭棚居住，自己种地种菜，勤工俭学，以此来考验学生志道明心的取向是否诚笃，意志是否坚定。听闻陆九渊在应天山创办书院的消息之后，大批求学者不计成本，纷纷从四面八方到应天山会集，追随陆九渊求学问道。他们以陆九渊讲学的大草堂为中心点，在周围筑造了大小不一、形状各异的建筑物。一日，陆九渊发现应天山侧面山体犹如一头巨象，遂将应天山更名为“象山”，并给自己取了个外号“象山翁”，并为讲学草堂亲自书写“象山精舍”匾额。陆九渊还根据弟子书室的地理环境及个人志向，分别为书斋题名为居仁斋、由义斋、养正斋、明德、志道等。过去的荒山野谷顿时焕然一新，吸引了天下士子云集于此。

陆九渊当时名望已高，他每日清晨以鸣鼓为号，“揖升讲座”，便开始向弟子们传经解惑。因此，陆九渊每次登台讲道，台下听众都认真聆听教诲，如沐春风。陆九渊在象山精舍授课前后历时五年，前来求学的士子累计达数千人。朱熹曾与陆九渊通信，带有羡慕的口吻道：“闻象山垦辟架凿之功益有绪，来学者亦甚，恨不得一至其间观奇览胜。”意思是说：听说象山开辟建设已见功效，到象山精舍求学的人越来越多，我恨不得立刻亲自到你那里观赏奇迹，收览名胜。

象山精舍创办后，陆九渊提出“辨志、明心、做人”的办学宗旨。“辨志”“明心”的最终目的乃是实现“做人”。陆九渊主张一个人读书不能没有志向，而且这个志向还要是好的志向。如果一个人读书只是为了读懂文章的大意，而没有任何志向，或者志向只是为了功名利禄，那么他读书是没有任何意义的，而且他也不可能把书读好，不可能读出成绩来。比如，一个人仅仅为了功名利禄而参加科举考试，仅仅为了科举考试而苦读经书，这种志向就是有问题的，这种读书也是不能读出精彩来的。如果一个人读书是为了国家社稷，为了人民生计，那么这种读书则可以让其人生更加精彩。

陆九渊确定“所读须六经、《语》、《孟》”，把八种儒家经典列为教学的主要内容。另设簿学、吐纳、骑射、琴艺、棋道等选修课程。为了实现自己的教育理念和办学目标，陆九渊在象山精舍根据学生的实际情况，避免泥古不化的教条，注重学生的个体差异。因而他采取多种教学形式，在教学过程中灵活变通，从而调动了学生的积极性。

一是改进和创新教学方法。书院的教学方法，和官学、私学的教学方法基本相同，主要还是讲授、会讲、讲会。陆九渊每天早晨在钟声响起后，就郑重地升堂讲座，神色庄重，精神奕奕，讲堂气氛庄严肃穆。学生们用一块小牌书写姓名年龄，依次坐定，“少亦不下数十百，齐肃无哗”，秩序井然。“首诲以收敛精神，涵养德性，虚心听讲。诸生皆俯首拱听。非徒讲经，每启发人之本心也。间举经语为证。”陆九渊声音洪亮，中气十足。据史料载，他上课时“音吐清响”，其从容镇定、通俗易懂的讲解，为学生们讲述如何“发明本心”的道理，在台下认真听讲的学生都处于“感激奋砺”的状态。陆九渊在贵溪象山精舍长达五年的教学过程中，除课堂教学与集中答疑等传统育人方式，对于学识积累程度较高、年龄偏大的学生，通常以交流、讨论、辩论等方式调动他们的思维，让他们自觉总结近段时间学习的收获和心得体会，然后由陆九渊予以点评概括；或者由学生自己抛出在学业中碰到的疑难问题，再由一名学业较好的弟子召集对话题感兴趣的学生进行辩论，最后通过头脑风暴式的交流来解开疑惑。这种教学方法不仅极大地激发了学生自主思考，而且还极大地锻炼了学生的口头表达能力，与死气沉沉的官学相比，书院的教学效果无疑更胜一筹。

二是启发引导式教育。在象山精舍的日常教学中，陆九渊先后糅合借鉴了佛教禅宗“打机锋”“当头棒喝式”的谈话方式，不给学生直接答案，而是通过一问一答的辩难，敦促学生自主思考问题，从而在某个瞬间引发学生“顿悟”。陆九渊这种“启悟式教学法”，在其教育学生的教学实践中经常被采用，教学效果显著。陆九渊教育学生善于借助某件事、某个行为进行点化，通过这种点化启发学生悟出相关的道理。学生陈去华，思维敏捷，想法奇特。陆九渊考教陈去华，如何理解《论语》中的“吾与点也”的意思。陆九渊后来问过多次，陈去华都说理解不了。这让陆九渊很不开心。陆九渊说：“现在姑且就你以往所见所闻来说，是不是还是什么都不知晓呢？”陈去华说：“根据我的所见所闻，子路、冉有、公西华只是事上做到，而曾皙却在心上做到。”陆九渊听后惊喜万分，便质问他：“过去你说这个不理解、那个不知道，今天怎么又都理解、都知道了呢？”陈去华顿时大悟。

三是强调“有疑才有进”。陆九渊从小就特别重视怀疑在学问中的作用，在学术研究中提倡怀疑，在教学实践中鼓励怀疑。陆九渊曾说，为学问道，有疑问、有问题才会有进步；有小的疑问便有小的进步，疑问越大则进步的空间就越大。陆九渊从小就怀疑圣人的话，认为《论语》中有不少摸不着头脑的话；他怀疑经书，认为孔子删定《春秋》便有许多错误。他要求学生不要成为经书的奴隶，而要使经书为自己服务，所谓“六经皆我注脚”。他告诉学生，经书不可不信，但也不可全信，因为经书是千百年来经由很多人之手传下来的，所以肯定有错讹的地方。因此，他教导学生，对待经书不可盲从，也不可随意采用，人云亦云是缺乏独立思考和理性判断的表现，因而读书必须自己进行独立思考和判断。在那个唯经是旨的时代，陆九渊如此倡导怀疑精神是相当难能可贵的。

四是偏重精专的读书指导。陆九渊并不希望学生专心静坐反省功夫。他是强调读书的。他指导学生读书，反对泛观泛论泛从。极力提倡学贵精专，求索创新。他说做学问“欠个精专不得”，读书“须明物理，揣事情，论事势”，要培养善于独立思考的能力，千万不要“随人脚跟，学人言语”。陆九渊认为，每个人的读书习惯可能不同，但读书的程序应该是一样的，那就是从易到难，从简单到复杂，只有这样，才能步步深入，才可触类旁通。如果一开始就从难处着手，则很难深入，最终也不能理解书中之理。所谓“读书之法，须是平平淡淡去看，仔细玩味，不可草草。所谓优而柔之，厌而饫之，自然有涣然冰释，怡然理顺底道理”。而从简单到复杂的一个具体途径，就是先参看前人的注疏和解释，借助前人的注疏和解释以理解所读之书的大意。他认为，读书还需要仔细，如镇守关津，不能放掉任何一个问题。因为只有仔细认真，只有对书本进行审查鉴别，才能发现问题和提出问题，才能读到书的精髓。如果走马观花、马马虎虎，将一无所获。

陆九渊认为，在仔细认真的基础上，还要从血脉上读书。很多人读书，只满足于解释字义，不能对书的整体思想和精神进行把握。“今之学者读书，只是解字，更不求血脉。”这种只沉溺于章句的读书方法，是没有任何好处的。而所谓从血脉上读书，就是要做到读书时自作主宰，通过自己的理解获得，通过自己的理解成就，通过自己的理解言说，不倚他人，更不向外追逐。当然，从血脉上读书，并不是要求读书人死抠经籍，沉湎其中而不能自拔，这将适得其反。所以，陆九渊认为躬行没有做到位的话，切不可强探力索，时间久了自然就会悟通。他说：“学者不可用心太紧。深山有宝，无心于宝者得之。”可以想见，陆九渊所提倡的读书之法，是一种悠然自得的读书方式，心虽主宰，但又绝不为书所困。这是一种很高的境界。

五是登山临水，寓教于乐。陆九渊注重身教重于言教，他的教学与其“心学”理念完全一致。他虽然不反对读书，但反对沉湎于书本，更反对以死读书本为教学方法。他认为要真正使人受到教育，不是知识层面的，而是心理层面的、精神层面的，要做到这一点，只有通过人格去影响，用他的话讲就是“血脉上感移”。陆九渊认为，观赏山峦云气，一草一木，各有特征，眼中没有庸俗的事物，在游玩中也能增长知识与学问，陶冶情操。陆九渊在讲学之余，利用闲暇时间带领弟子们登山赏瀑，攀龟峰灵秀，登龙虎山，游仙水岩。登山运动不仅可以强身健体，还可锻炼毅力，尤其是登上山顶，不仅可以开阔视野，还可以增长知识。

书院还定期举行会讲。会讲制度是两宋时期书院的学者们聚集在一处开展学术研讨会，交流彼此研究的心得体会，相互切磋学术见解。在南宋，最著名的会讲活动共有三次，对于推动当时的学术发展起到了重要的作用。第一次是朱熹和张栻在岳麓书院的会讲。乾道三年（1167）八月，朱熹率领数名弟子由福建崇安出发，前往位于潭州（今湖南长沙）的岳麓书院进行学术交流。以往的书信交流过于简单，而此次朱熹与张栻相会，相互探讨和交流彼此学术观点，二人相继在城南书院、岳麓书院开坛对公众讲学，充分阐述各方不同的学术观点和见解。会讲持续了两个多月，朱熹才意犹未尽地返回福建，双方都表示在学术上收获很多。第二次会讲发生在淳熙二年（1175），吕祖谦到寒泉精舍拜访朱熹，二人共同研讨北宋先哲周敦颐、“二程”、张载等前辈们的学术思想。经过多番讨论切磋，最后编辑成理学入门和概论性著作《近思录》。吕祖谦一直想调和朱熹与陆九渊二人学术上的矛盾，希望通过面对面的会讲消除二人思想分歧而“会归于一”，因此吕祖谦修书力邀陆氏兄弟于信州鹅湖寺相会。此次会讲由吕祖谦亲自主持，参加会讲的人数不多，仅知名学者刘清之等二十余人。“诸人皆相与讲其所闻之学。”此次不同学术观点的争鸣没有达成共识，吕祖谦表示失望，但它在学术史上意义极为重要，开创了不同学术思想公平辩论的先河，使学术思想也活跃起来。第三次是朱、陆的南康之会。淳熙八年（1181），陆九渊率领弟子门人前往南康军（今江西星子）拜访时任郡守的朱熹，朱熹趁机邀请陆九渊赴白鹿洞书院进行讲学，朱陆二人“同升讲席”。陆九渊选取《论语》中的“君子喻于义，小人喻于利”作为讲座题目，他将历史与现实紧密结合起来，引经据典，讲台下的士子们都心有触动，甚至有感动得流下眼泪的。朱熹对陆九渊的讲学发自内心地钦佩，当场表示“当与诸生共守，以无忘陆先生之训”。后来，朱熹请人将陆九渊的讲义内容刻在白鹿洞书院的石碑上，并亲自作跋，以励后学。

南宋时期的书院和精舍不定期举行会讲和学术交流，后来逐渐形成了一套极为完备的会讲制度。

书院的教学还非常重视学生的自学。通过给青年士子提供一定的阅读书目，并讲述一些阅读方法及技巧，由学生们在课余时间自主阅读，自行领悟书中的要义。教师语言表述清晰简要，善于抓住问题的关键与要害，简述全书的主要内容及重难点，尽可能地给予鼓励和引导。书院教师扮演引路人的角色，学生才是学习的真正主体，学习中的大量问题，主要靠自己去解决。

淳熙十六年（1189），陆九渊主管台州崇道观的闲散祠禄官任期已满。按照朝廷的相关规定，分管道教宫观祠禄官通常以三年为期，一旦任职期满，本人必须继续申请，否则将停止发放俸禄。俸禄一停，陆九渊的生活便陷入了窘境。他在写给侄孙的信中表露了不安的心理：“山间近来结庐者甚众，诸生始聚粮相迎。今讲堂前又成一阁，部勒群山，气象亦伟。第诸生中有力者寡，为此亦良不易，未能多供人耳。今夏更去迭来，常不下百人；若一时俱来，亦未有著处。贵溪宰甚有政声，邑人以为久无此人。其致礼于山间甚厚，屡欲躬至问道而未果。”

由于陆九渊的象山精舍独树一帜的教学特色，前来精舍求学问道的士子云集于贵溪。每年固定留在精舍就读的有一百多人，五年内以各种形式向陆九渊请教学问的士子有数千人。在这些学生中，名垂史册者有七十余人，其中有二十六人高中进士，尤以“甬上四先生”为最杰出的代表。可见陆九渊声誉之高，影响之大。陆九渊去世后，象山精舍改名为“象山书院”，名列南宋四大书院。

五年的象山精舍讲学生涯，是陆九渊“心学”逐步发展、日趋完善的阶段。孔子之后的儒学是一个非常庞杂的系统，在儒学的不断衍化过程中，随着社会经济形势的不断变化，掺杂了诸子百家思想和古代迷信。西汉时期的董仲舒糅合道家、阴阳五行家等流派的思想，改造了儒家的传统思想，形成新的儒学体系，提出了“天人合一”等理论。北宋时期的理学大师如程颐、程颢、张载等人，从释家、道家的理论中汲取了有益内容，使儒家更为理论化、思辨化。南宋的朱熹在充分继承和发展“二程”理论学说的基础上，融会贯通诸家学说，形成新的理论体系，最终提出天理论。而陆九渊则另辟蹊径地提出“心即理”，凡事只需“立心”“尽心”，根据自己内在的本心、本性去做人，尽职尽责地去做事。

“本心”是陆九渊在讲学过程中使用频率较高的一个概念。那么，陆九渊口中所言的“本心”是什么呢？“本心”是指天生的善性，该词出自《孟子·告子上》：“乡为身死而不受，今为宫室之美为之……此之谓失其本心。”道德感是人的本性天赋的一部分，具有分辨是非的能力，这是与生俱来的本能。陆九渊晚年在象山精舍讲学时，思想趋于成熟，他提出的书院育人目标是“明理、立心、做人”，通过系统地接受教育和学习，实现反思己过、改过迁善的道德教育目标。

陆九渊一生不注重著书立说，故遗著不多，他的语录与诗文由他的儿子陆持之汇编成《象山先生全集》三十六卷。陆九渊喜欢躬行，力主在践履中感悟做人治学的人生大道理。陆九渊一生为官不显，他的全部精力都贡献给了教育事业。陆九渊在象山精舍讲学的五年是心学思想学派形成、发展的重要阶段。陆九渊一生致力于创建象山精舍及心学流派，乐于为士子们传道授业解惑。

第五节　鹅湖之辩

淳熙二年（1175），南宋著名理学大师吕祖谦到福建拜访朱熹，进行深入的学术交流之后，在返回潭州（今湖南长沙）的途中，他想调和朱陆二人的学术分歧，于是写信邀请陆九渊到铅山县鹅湖书院一晤，当面交流辩论，从而实现双方学术主张的调和。陆九渊与五兄陆九龄商议之后便欣然应约前往鹅湖书院相会。朱陆二人在鹅湖书院“相与讲其所闻之学”，双方唇枪舌剑，剑拔弩张，虽然在鹅湖书院论战了十余日，但仍各执己见，没有实现吕祖谦组织这次会晤的初衷。此次鹅湖书院朱陆二人的辩论在中国教育史上留下美名，开创了我国古代学术研讨会的先河，也在哲学思想史上留下了极其辉煌的印记。

12世纪后期，南宋学术界有所谓“东南三贤”，分别是朱熹、张栻、吕祖谦。与此同时，以陈亮为首的“永康学派”和以陆九渊为代表的“江西之学”，也逐渐在学术界崭露头角，并日益在社会上产生重大影响。

朱熹在写给吕祖谦的信中不无遗憾地说："陆子寿闻其名甚久，恨未识之。"而陆九渊的科举成功正是受到吕祖谦的不少帮助，吕祖谦算是陆九渊的"座师"。吕祖谦一方面与陆氏兄弟关系密切，另一方面与朱熹来往频繁，在他的心中，朱熹与陆氏兄弟学问上的差异非常明显。"伯恭盖虑朱与陆犹有异同，欲会归于一而定其适从。"朱陆二人能够坚持多年始终保持书信往来、进行学术思想研讨，其中的关键人物是吕祖谦。

鹅湖书院原本是铅山县一座寺庙，距离铅山县城约十五公里。据古籍《鄱阳记》载："山上有湖多有荷，故称荷湖。东晋人龚氏蓄鹅，其双鹅育子数百，其成翮乃去，更名湖。"于是当地人称为"鹅湖"。唐代宗大历年间，有个法号叫大义的高僧在鹅湖山顶修建寺院，朝廷御赐寺院名为鹅湖禅寺。到了北宋初期，由于寺院的位置在山顶，香客多有不便，于是将寺院迁移到山脚下的驿道旁边，并先后更名为慈济寺、仁寿寺。

在出发前，陆九龄就跟诸位兄弟说，这次铅山鹅湖书院会讲，吕祖谦的目的是协调我们与朱熹学术的异同，如果我们兄弟之间的学术观点差别都很大，怎么可能指望鹅湖会讲上达成相同的意见呢？于是陆氏兄弟先来了个内部自我协调。陆九渊先向诸位兄长阐述了自己的心学思想，并批评朱熹之学的支离破碎。他的观点得到了陆九龄的肯定。

淳熙二年（1175）六月初，在吕祖谦的组织与协调下，朱熹与陆氏兄弟各自领着一群师友、门生来到铅山的鹅湖书院，列席参会的还有不少学者与官员。参会者个个兴致高昂，对当时理学泰斗朱熹与正冉冉升起的新星陆九渊的会讲充满期待。大家端坐在鹅湖书院大堂期待着会讲的开始。

作为主持人的吕祖谦宣布会讲开始。此次学术辩论的主旨为"教人之法”。朱熹率先亮剑，抛出自己的见解：“格物致知主要教会我们做人最基本的道理。首先要做到穷尽事物的道理，然后扩而远之，概括出各种事物普遍存在的道理，这就是我们要让学生学到的能力。当然，格物致知只是针对一件事情来做，所以在学习的过程中一定要多读书，多观察事物，多积累经验，然后再加以分析，从而得出结论。”陆九渊立即反驳道：“我很不赞同这个观点，我们与生俱来的本心原本就可以格物，如果我们没有本心的话，怎么会有对事物的感悟体会呢？我个人观点是，我们无须过分关注教材的内容，而应心胸豁达洞悉世事，通过自我反省体察，使身心达到完美的境界，唤起内在的灵性觉醒，本心纯净而无形无相。许多熟读圣贤书的人并不一定都能成为圣贤。”朱熹则针锋相对：“人必须多读书，有了丰富的知识储备才能明理，才能懂得穷尽事物的道理，最后才能成圣贤。”陆九渊则犀利地反击道：“尧舜以前没有什么书可读，也不懂那么多的知识，他们为何能成为圣贤呢？”

吕祖谦询问陆九龄是否有什么新的见解。陆九龄并没有过多客套，而是直奔主题声援陆九渊，他踱步吟哦出一首新创作的诗：

孩提知爱长知钦，古圣相传只此心。

大抵有基方筑室，未闻无址可成岑。

留情传注翻榛塞，着意精微转陆沉。

珍重友朋勤切琢，须知至乐在于今。

这首诗想表达的是：“仁心”是人与生俱来的正义美德，古代圣人为学作文不过是为传承这个“仁心”。要建筑高楼大厦，首先必须将地基打好，从来没有听说过没有累土的情况下可以筑起大山。为学做人的道理也是如此，不一点点积累知识，怎么可能成就大的学问呢？不一点点积累德行，怎么可能成就优秀的人格呢？过多地沉迷在经书之中，就好比掉进了荆棘丛生的山地，是难以自拔的啊！今天我们非常幸运地相聚在一起，切磋学问，还望大家珍惜彼此间的友谊。

朱熹边听边摇晃着脑袋，并提出自己的意见："为学的目标是求理，而穷理之法在于读书，读书则应循序渐进，不能像佛教禅宗那样顿悟一切。"说完转身询问陆九渊。陆九渊先向各位师友行了礼，然后摆出自己的观点，认为学的方法在于辨志明心。为了附和五哥陆九龄的诗作，他也临场发挥，激情吟哦了一首诗作：

墟墓兴衰宗庙钦，斯人千古不磨心。
涓流积至沧溟水，拳石崇成泰华岑。
易简工夫终久大，支离事业竟浮沉。
欲知自下升高处，真伪先须辨古今。

陆九渊认为，看到死者的坟墓会引发对已故亲人的哀思之情，进入宗庙不由自主地产生崇敬祭祀之意，这就是一个人与生俱来的、不生不灭的"本心"。汪洋大海是由涓涓细流汇聚而成，巍峨的高峰是由那些不起眼的土块堆砌而成，做人、为学也是如此。"为学易简，用力较易，而成就甚高"，而过于支离破碎的烦琐注释却将简单的问题复杂化，终将一事无成。

陆九渊口中所说的"易简工夫终久大，支离事业竟浮沉"，就是暗讽朱熹过于支离烦琐的理论，根本算不上什么理论体系。面对这样的讥讽，朱熹当时的表情是"失声""大不怿"，张口就是反驳，谁也休想说服谁。他们从白天辩论到黑夜，双方都很累了，吕祖谦只好宣布暂时休会，各自回房休息，约好明天继续辩论。论辩持续数日。接着，又讨论“金溪二陆的诗”“九卦之序”“为学之方”“尊德性、道问学之争”等内容。双方在许多问题上都是针锋相对的，陆氏兄弟略占上风，但最终结果却是不欢而散。

为期数天的会讲及激烈的论争，尽管无法使朱陆双方思想上的分歧达成一致，但研讨会上的学术氛围却非常热烈，在辩论时时而是和风细雨的交谈，时而是狂风骤雨的争辩，将平时书信里限于篇幅未能说出的学术疑难问题当面陈清，相互之间在学术上诘难辩驳，使双方的理论越辩越清。犹如先秦时期的百家争鸣、魏晋时期的竹林玄谈，此次的鹅湖之会为后世的学术自由研讨播下了一粒种子。此次的会讲一经传播出去，南宋书院之间逐渐形成一种会讲制度，彼此邀请知名学者集中来进行学术研讨及论辩，演化成书院教育中一种极具特色的教育教学方式。

那么，鹅湖之会究竟表现出了陆九渊与朱熹哪方面的差异呢？对朱熹来讲，他主张“格物致知”，认为对事物的认识首先需要接触，其次要有步骤和程序，只有“今日格一物，明日格一物”，才能获得真正的知识。朱熹在《大学章句》中持这样的论调：“所谓致知在格物者，言欲致吾之知，在即物而穷其理也。”他主张以物穷理，致知就是掌握大量的知识储备从而到极致。因为他极力鼓吹青年士子要多读、多看，所以在对待书籍方面，朱熹的态度也是很谦虚的，提倡博览群书，穷索经典，认为只有通过“道问学”才能获得真知，才能提升品德。而陆九渊的主张完全相反，他以“心即理”的命题为出发点，格物的本意乃是探究事物的道理达到体认“本心”，从而纠正人的行为。陆九渊主张“发明本心”，心若明了，世上的一切事物及道理就会无师自通，因而不必过多地花费时间埋首故纸堆，也没必要费时耗财地四处考察事物，只要拂去“本心”的尘埃，自然可以明白事理。因此他注重个人的存心之功，保持内心平衡是做人、为学最重要的环节。他极力反对读书穷理的笨办法，认为多读圣贤书的人不一定会成为圣贤。他主张人若想要认识事物、获得真知，应该“先立其大”，确立自古以来从古代圣人那里传下来的“心”，因为“心生万物”“心即理”，所以，认识事物就无须一件一件来“格”。每个人只要能从他的自然本心出发，根本就不需要每件事物都去接触，根本就不需要向外求索。而在对待书籍方面，陆九渊强调，穷索经典、沉湎于经书之中，不但不能帮助人提高修养，反而会使人误入迷途。因此他主张发明本心，收拾精神，挺立自己的善性，以此达到圣贤之境界。这就是所谓的“尊德性”。

陆门槐堂诸儒中的朱亨道全程参与了这次鹅湖之会，他记录了此次会讲的详情：“鹅湖之会，论及教人。元晦之意，欲令人泛观博览，而后归之约。二陆之意，欲先发明人之本心，而后使之博览。朱以陆之教人为太简，陆以朱之教人为支离。此颇不合。先生更欲与元晦辩，以为尧舜之前，何书可读？复斋止之。”鹅湖会讲的朱陆之争，各人感受不一，各方评论也不一。虽然吕祖谦希望朱陆二说会归为一的初衷并没有达到，却不曾想到，“同”没有达到，反增更大的“异”。虽然吕祖谦对陆九渊的学问非常赞赏，但他的基本立场还是倾向朱熹的。他曾做出如此评价：“某留建宁凡两月余，复同朱元晦至鹅湖，与二陆及刘子澄诸公相聚切磋，甚觉有益。元晦英迈刚明，而工夫就实入细，殊未可量；子静亦坚实有力，但欠开阔耳。”吕祖谦所做出的评论，字里行间隐隐透露出赞同朱熹的信息。

从对儒学的影响看，鹅湖之会争论的核心问题是为学方法问题。一为格物致知、道问学，一为立大体、尊德性。这个问题来自先秦儒家。在《大学》中就已提出“格物致知”的为学方法，而在《孟子》中就已提出立“大体”的修养方法，主张反身而诚，尽心尽性，是为“尊德性”。鹅湖之会上，陆九渊力主“尊德性”之方法，反对博览群经的支离方法，并对“尊德性”的内涵及价值尽兴阐发；朱熹则力主“道问学”的方法，主张格物穷理，穷索经书，积累知识，并对“道问学”的内涵及意义进行了广泛而深入的论证。因此可以说，鹅湖之会对继承、发展儒学的为学方法、修养方法发挥了积极作用。

在中国哲学思想史上，真正面对面而又影响深远的学术争论，莫过于南宋时期的陆九渊与朱熹之间的争论，鹅湖之会的意义是重大而深远的。从学术活动本身看，陆九渊与朱熹通过讨论，凸显了各自为学的方法及其差异，从而也凸显了各自的态度，这对于两位著名学者认识对方及认识自己，从而完善自己的学问都起到了积极作用。

第六节　南康之会

鹅湖之会后，朱、陆两家并未因观点相异而互相攻讦，反而因为学术钻研的共同爱好而惺惺相惜。于是，又有了陆九渊和朱熹六年之后的南康之会。

淳熙四年（1177），因继母邓氏离世，陆九渊回家奔丧，守为期三年的丁忧，无法前往隆兴府靖安县（今属江西宜春）担任主簿。依据中国传统社会的礼仪孝道观念，朝廷官员在任职期间，如若父母离世，无论官职高低，从得知丧事的那天起，必须辞官回到祖籍，为至亲守制二十七个月，此谓丁忧。陆九渊于丧葬祭奠礼仪有些不明白之处，便修书向朱熹多番请教。朱、陆二人之间相互通过书信往来进行沟通，联系一直未曾中断。在家守孝期间，陆九渊致书辛弃疾，辩“宽仁”，强烈要求严惩贪腐。服除后授崇安县主簿，无到任记载。

淳熙七年（1180）六月，朱熹在南康（今江西庐山）当太守，写信告诉吕祖谦：“陆氏兄弟来信相约，秋凉时来游庐阜……”七月，南康爆发持续一月有余的高温旱灾，朱熹向朝廷“奏南康军旱灾”，忙于赈灾事务。陆氏兄弟怕打扰朱熹救灾，会谈之约中止。可惜，不久之后的秋天，陆九龄突然染病身亡。陆九渊自小与五兄陆九龄一起读书治学，两人学问相近，感情也最深。陆九龄临终前说：“近来六弟学问愈加明朗，恨不得相与切磋，看看六弟事业的辉煌!”对他赞赏之余，也寄予了厚望。兄长逝世，陆九渊悲痛异常，含泪写了《全州教授陆先生行状》，文中有许多赞誉之词，如“海内儒宗”“少有大志，学问渊博，浩渺无边”，表达自己对兄长的深厚感情及无限思念。吕祖谦、朱熹听闻后都无比痛惜。

淳熙八年（1181）二月，陆九渊带着吕祖谦写好的铭文与侄子陆麟之、槐堂弟子周清叟和朱克家等十余人从金溪县出发，长途跋涉来到南康拜访朱熹，请他为五兄陆九龄书写墓志铭。朱熹不仅是当时的理学大师，而且也是著名的书法家。其书法苍郁深沉，古雅有韵，至今仍有许多墨迹碑刻存世。南康的朱、陆再会，可以说是朱、陆交往中最和谐的一次相会。由于陆九龄的去世，大家都处于悲伤的心情，此外陆九渊因有求于朱熹，心志也有所收敛。

南宋的南康即现在的庐山市，这里以风光秀美而闻名天下。朱熹对陆九渊的到访十分欢迎，邀请陆九渊一起泛舟，游山玩水，看湖光山色，二人其乐融融，就像一对知己。朱熹平时不苟言笑，此次老对手的到来，令他难掩兴奋之色：“自有宇宙以来，已有此溪山，还有此佳客否？”陆九渊也深感人生难得二三知己，内心感慨唏嘘不已。

此时白鹿洞书院在朱熹的努力下，已经得到了修复，焕然一新。书院坐落于五老峰下，四周山环水绕，苍松翠竹，郁郁葱葱，许多学者门人都在此深学苦读。朱熹借着陆九渊前来造访的良机，便盛情邀请他登白鹿洞书院讲习论道，请他上一堂课。陆九渊慨然允诺，能有机会在天下闻名的白鹿洞讲学，他兴奋不已。他特意挑选了《论语》中的一章，以《君子喻于义，小人喻于利》为讲座题目。

陆九渊对《论语》推崇备至，他自陈幼年苦读之时的情景："向与复斋家兄读书疏山寺，止是一部《论语》，更无他书。"他十余岁随五兄陆九龄在疏山寺闭门苦读三年，认真研读《论语》，还将《论语》分门别类，哪些话是孔子说的，哪些话是孔子的门人说的。因此他在槐堂书屋讲学期间，反复强调陆门弟子要以义利辨志向。因而他也想借着在白鹿洞讲学的机会，向朱熹的门生传扬陆门的学术主张和心学思想。他不仅想让朱门弟子明白自己的教学主张，而且还想告诉士人。公私的区分、义利的差异是分辨君子与小人、区分善恶好坏的重要手段。

第二天，白鹿洞书院座无虚席，各县莘莘学子、朱门部分弟子及书院新招收的生员都来了，朱熹也亲临现场来听课。陆九渊根据讲义手稿，开始侃侃而谈。这一次，他引经据典，通过孔子的观点来展开论述。孔子说："君子注重道义，小人注重利益。"以义利的差异作为君子和小人的准绳，这极其浅显的道理连幼童都能明白，但如果只是懂得了书本的知识之意，却不曾有过自己的切身感悟和反思，恐怕读了也没有实际意义。他的开场比较直白，直奔主题。接着，他抛出了自己的观点："学者于此，当辨其志。人之所喻由其所习，所习由其所志。志乎义，则所习者必在于义；所习在义，斯喻于义矣。志乎利，则所习者必在于利，所习在利，斯喻于利矣！故学者之志，不可不辨也。”陆九渊以天下读书人最为眼红的科举考试为例，开门见山地进行猛烈抨击：科举取士自隋唐设置以来，至今已有五百余年，很多名人大儒都是通过参加科举取得好名次而声名远扬的，今天的许多学者也大多如此。然而，不能以科举得失论成败，也不能以所答的策问能否蒙阅卷官垂青当作评判君子与小人的标准。假如全天下的读书人都沉迷科场功名而不自省，就算每天苦读圣贤书，但读书人的志向与气节，恐怕也是与孔圣人所期待的反向而行吧！由此可以推断出一个结论，假使你高中进士，被朝廷授予官职，你每天都只关注如何升迁以及俸禄的多寡，哪有心思去为国为民排忧解难呢？因而胸中有着如此功利目的而苦读的士子，他的志向就只有利而没有义了。而作为一个学者，应当避免陷入这样的窠臼，要时常反思自身，不要和小人同流合污，也不要变成这种小人。最后，他极为诚恳地指出：为利益而做事，让人痛心疾首，但若为道义而日日勤勉、博学、审问、慎思、明辨而笃行之，这就值得提倡。这样的士子如果走进考场，他的文章必定能表达平日之学、胸中之志，而不会欺骗圣人；如果这种人又当上了官，必定能够胜任他的职责，勤于政务，心系国家，关心百姓，为国为民而忽略个人的得失，这样的人难道不是君子吗？陆九渊以雄辩的口才，环环相扣、步步深入，从头到尾痛快淋漓、一气呵成，其观点直抵人们的内心深处。

在这次白鹿洞书院讲学中，陆九渊对当时浮躁的学术氛围“利欲之习”有无情的披露与深沉的抗议。他一针见血地指出：“今人只读书便是利，如取解后，又要得官，得官后又要改官。自少至老，自顶至踵，无非为利。”从当时学者最关切的现实出发，把学者身处的社会现状与自身思想紧紧联系在一起，批评时人读书多是为了利，取得功名后就可以当官，当官之后，还想要高升，自少至老，从头到脚，都是为了利。洋洋洒洒一番话，说得非常清楚明白，语气诚恳，让听者汗颜，让人振奋，也让人激动。由于陆九渊讲学的内容痛陈当前不少读书人怀有极强的功利心，已然忘却读圣贤书的初衷，如洪钟大吕、当头棒喝般地震醒台下的听众，士子们甚至有的痛哭流涕。朱熹也被陆九渊的讲课所折服，有弟子记载当时的授课效果：“元晦深感动，天气微冷，而汗出挥扇。”在场的人情绪激昂，不知道是感动还是闷热，朱熹一直挥动着扇子。陆九渊的讲课，讲得全场人都出汗了，效果可想而知。这场演讲获得了极大成功。

陆九渊讲课刚一结束，朱熹在众弟子面前高度赞扬陆九渊讲座的成功：“子静来南康，请说书，却说得义利分明，是说得好。”朱熹觉得这次振聋发聩的演讲可以教训后人，以示警醒。他请陆九渊将讲稿写成《白鹿洞书堂讲义》，并亲自写了跋文，请匠人刻在书院内的巨石之上，以此文时刻提醒白鹿洞书院的士子们要牢记自己读圣贤书的初心。明代大儒湛若水曾赋诗一首，盛赞陆九渊白鹿洞讲座的影响：“朱陆当年此讲闻，晓然义利一时分。要知义利真消息，物我心生纵火焚。”陆九渊在白鹿洞的讲学大获成功，也让南康之会成为一段佳话。

淳熙八年（1181）五月，朱、陆二人因为一个学生的死又闹得很僵。陆九渊有个学生名叫曹立之，余干人，与他的弟弟曹挺之曾经跟随陆九渊学习。在跟从陆九渊学习之前，曹立之曾在别处学习过，并对河南“二程之学”有很深的认识，因为读书过于用心而得病。初会陆九渊时，曹立之喜欢高谈阔论，在陆九渊的教导下，他的闲言碎语减少了许多，病情也减轻不少，但一听到人家辩讲，他又会多思多疑。陆九渊为他梳理荡涤，曹立之心里又可以恢复明白。有一次陆九渊讲完课之后，问他还有什么疑问，曹立之说：“明白无疑了。平常自己读书也是这么理解，但心里总不踏实，往往又会变。”陆九渊开导他说：“读书读到不懂的地方，不必苦思冥想。因为硬想下去，可能是越想越昏，不得其正。你不如先放下，看似不去理会，实际放在心中优游涵泳，有时自然而然就会豁然开朗，涣然冰释。”在陆九渊教诲一段时间后，曹立之的病况有所好转。但后来他听人家说陆学是禅，而他素来很讨厌佛学，于是转投朱熹门下。

淳熙六年（1179）冬，曹立之来到南康拜见朱熹。众所周知，朱学的特色是“博学、审问、明辨、慎思”，特别是注重文辞章句的解释。跟随朱熹学习期间，曹立之学习更加刻苦。他也经常给陆九渊写信，讨教学问。陆九渊并没有因为他投奔朱熹而有怨言，依然很热情地对待他，每信必回。有一次，曹立之问“致知”的先后次序，陆九渊回信说：“你这样钻字眼，真和梦中起来相似。用意过当，反有此疑。读古人之书，如果拘泥文字，则坦然之理反而成了疑惑。”陆九渊再三教诲他：是非本在理，当求其理，不在乎怎样说。而且人人都有“能与不能、明与不明”之处，任何人都不可能穷尽天下之理。但是陆九渊的教诲并没有能够使曹立之醒悟，朱熹称他“虽师说，不曲从”。曹立之在投靠朱熹数年后不幸离世，年仅三十七岁。据说他死的时候，正冠危坐，对弟弟曹挺之说：“我虽然病重，但为学益进，我心明净，没有一丝荫翳了。”噩耗传来，朱熹和陆九渊都感到极为沉痛。

于是朱熹撰写《曹立之墓表》，介绍其生平与学业，说他到南康后更加精进，特别记载了曹立之的一段感悟：“为学贵在‘明道’，而‘道’不是听一回讲就能悟透的，学一回就能理解的。必须循序渐进，穷理益进，由浅而深，由近而远，这样或许可以达到。今只期于‘一悟’，丢弃百事，我看迟早会出洋相的！”这就是朱熹借曹立之之口攻击陆学，认为陆学之弊就在于不循下学而求一悟。最后朱熹高度肯定曹立之的“敬与忠”“博而不杂，约而不陋”。后来陆九渊在讲学中对弟子详细讲了曹立之用心过度成疾的情形，讲了自己对他的规劝，指出他“尽叛某之说，凑合朱熹，后不相见，以至于死”。陆门弟子觉得无端受到朱熹攻击，心里不平，本来陆家有几个后辈打算去朱熹处问学，也决定不去了，从此朱、陆弟子产生了对立情绪。朱熹后来也觉得后悔，他给友人写信说：“本来想劝大家兼取两家之长，不可相互诋毁，就是有不合之处，也应该放下不论。不想乃以《曹立之墓表》之故，反而激起了矛盾，所以我深感内疚！”

从曹立之身上我们可以看出，朱熹和陆九渊为学之法有很大不同。陆九渊曾经说，我只是给人“减担子”，减轻学业负担，他称赞曹立之不为利益所动，但教以“用意不可过当”，朱熹则偏于赞赏其“穷理益进”，这一点值得后人深思。南康之会后，朱熹曾给吕祖谦写信谈及此事，并想找一个机会与吕祖谦去拜访陆九渊。可惜吕祖谦在朱、陆南康之会后不久突然暴病离世。从此，朱、陆两人的争辩日趋尖锐，相互指责越来越激烈。几年间，张栻、陆九龄、吕祖谦等大学问家相继去世，南宋学术界发生了很大变化。一方面，随着陆九龄和吕祖谦这两个谦逊平和之人的去世，朱、陆之间的联系中介没有了。另一方面，随着这三个人的离去，朱熹成为一时无人与之匹敌的泰斗，处于“举天下无不在下风”的境地，多少有些助长了他的孤傲。这反而刺激了陆九渊，使其更加坚定要自创一派，与之争高下。这样，朱、陆两派的争执变得激烈和偏执。朱熹指摘陆九渊的学问主张静坐反思，属于禅学异端；陆九渊则予以反击，将朱熹的学问斥为“邪意见”。两人各执一端，互不相让。

陆学在南宋流传并不广泛，这是由于国家重心在上，“国是”形势所致。加上时人习惯于在故纸堆里皓首穷经，不太接受“狂禅”这种“不着一字，尽得风流”的传道功夫。一直到明代，在社会重心下移、移风易俗风尚中，心学的思想解放功能才受到重视。陆王心学对我国思想界产生了极为深远的影响，甚至还传播至藩属国和邻邦，如日本、韩国和东南亚等周边国家，心学思想曾对日本明治维新起到文化启蒙的功效，有力地推动了该国思想、文化的繁荣。时至今日，陆王心学对周边国家仍有着不可忽视的影响，它仍被人们看作很有价值的研究对象。

第五章

陆氏兄弟提炼家风

陆氏家规家训规整完备，礼法著闻乡里。陆氏始终遵循孝悌忠信等传统礼教的规范，经过陆氏诸兄弟的发展，形成了陆氏家风、陆氏家训大纲、陆氏家法十二条、陆氏家法之制、陆氏家规十八条、陆氏家训歌等内容，形成读书明理、孝亲和睦、清心俭素的陆氏家风。陆九韶所撰《陆氏家制》，注重家族日常管理，勤俭治家。淳祐二年（1242），宋理宗赵昀下诏对金溪陆氏家族予以旌表，赐封“金溪陆氏义门”。陆氏在家族管理方面获得极大的成功，为后世各朝的许多家族所参考借鉴。

第一节　读书明理

陆氏宗族十世聚族同居共爨，族众皆能恪守儒家忠孝的传统礼义，其中陆氏规整完备的家训与整齐严肃的家法居功至伟。陆九韶所编撰的《陆氏家制》不仅在陆氏家训体系中处于核心地位，在整个中华家训史上都能占据一席之地。它充分展现了陆氏家族数百年来对儒家孝悌忠信之道的坚守，始终对族众子弟严加约束的治家理念，以勤俭节约的节制消费理念为特色，形成一套规整完备的陆氏家训体系。

陆九韶可谓是古代知识分子理想人格的典范，是中华民族传统美德的集中体现者。他始终严格要求自己，规范自己的言行举止，还对子孙后代如何做人进行教导，希望族人们都能勤学奋进，立志成才。陆九韶撰著的《陆氏家制》，是他结合自身参与管理陆氏家族的实践经验的总结，可以为其他家族的治理提供有益参考。陆九韶主张居家的首要前提是“正本”，世间的任何事物都存在本末之分，人有智愚贤不孝之分，这些都是做人的本，而财富名利等身外之物乃是人的细枝末节。所谓“正本”，简而言之就是要先端正为人之本，对子孙后代先进行伦理道德教育，希望他们能先固其本，然后通过读书明理，成为一名孝悌忠义的家族子弟。

陆九韶始终对族内子孙后代的教育问题予以高度重视，他在“正本”篇开篇就提出教育子女的重要性。他主张在婴幼儿时期就要进行必要的熏陶与教化，从小就埋下一颗向善的种子。他在文中列举周文王之母进行早期胎教、曾参杀猪以行动教育儿子何为诚信、孟母三次迁移住处强调环境教育的重要性等，以古人生动的案例强调影响子女的几个因素，并多次强调家族一定要高度重视子孙后代的教育问题。“圣人遗子孙以德以礼，贤人遗子孙以廉以俭。”父母与其遗留金银财富给子孙后代，还不如将子孙培养成知书达礼的文明人。陆九韶主张管教孩子一定要宽严相济，要遵循合理的教育规则。孩子犯错之后要接受相应的惩罚，父母即使内心不舍，也千万别在脸上流露出来，要始终保持严肃的态度，并告知孩子错在哪里。他极力反对慈母败儿的教育模式，主张不能宠溺孩童而疏于管教，导致孩童误入歧道而沦为不肖子孙，之后小错不断铸成大恶，被官府流放甚至判处极刑。与此同时，陆九韶主张教养孩童要遵守循序渐进的原则。刚出生的婴儿要挑选品德贤良的长者为他赐福，用母乳为其开目；长到三四岁时，便开始有意识地引导他要遵守长幼尊卑的礼仪，学会尊敬长辈；长至童蒙之龄，要送他到家塾去接受启蒙教育；随着年龄的递增，其受教育的文化水平也随之发生变化，从粗略接触礼仪的三百千启蒙之学，到精通儒家伦理礼仪等深层次的知识。因而，陆九韶反复叮嘱要依据孩子成长的各个阶段特点，有针对性地教以不同程度的知识。

假如一个人发自内心地爱孩子，一定要让孩童尽早接触圣贤之书，教会孩童孝悌忠信。在启蒙阶段，让孩子大声诵读《论语》《孟子》等儒家典籍，教会他们明白书中的微言大义，掌握为人处世所应遵循的基本礼仪，真正明白儒家所提倡的正心、修身、齐家、治国、平天下的人生至理。待长大成年之后，要懂得孝敬双亲、兄弟友爱、和睦乡邻，在待人接物方面懂得尊卑、上下关系，要时刻将遵循儒家礼仪牢记心中。在完成“正本”的基础上，敦促子弟勤读史书，深入了解朝代更迭及兴衰盛亡的时代规律，最终达到拥有辅佐君王实现国家太平安定的智慧的最高境界。陆氏家族教导子孙勤奋苦读不能忘却初衷，决不能仅以参加科举获取名利为目的，博览群书是为了修己成人，成为一名忠君爱国、知书明理之人。

陆九韶反复强调教训家族子弟知书识礼的重要性：“古者民生八岁，入小学，学礼乐射御数书。至十五岁，则各因其材而归之四民。故为农工商贾者，亦得入小学。七年而后就其业。其秀异者，入大学而为士。民之德行，凡小学大学之教，俱不在言语文字。故民皆有实行，而无诈伪。”古代的教学科目有“六艺”之称谓，是指先秦时期的教学，要求学生务必掌握六种基本技能，即礼、乐、射、御、书、数，从而达到德智体美劳全面发展；“四民”分别是指士、农、工、商等四种行业之人。

本族孩童长到八岁，就必须进入家塾接受系统的教育，扎实学习并掌握礼仪、音乐、射箭、驾车、书法、算术等六种技能。待到十五岁的时候，就必须根据他们的学习天赋，决定他们的未来职业，选择士、农、工、商等四种不同的行业。学业成绩优异者可继续学业，教他们更为高深的知识，为将来参加科举考试做准备。而学业水平一般者，在家塾学完七年小学的知识后，便可根据个人的禀赋，选择务农、匠人、商贾等行业，为家族做出各自相应的贡献。无论他们将来选择从事哪个行业，都必须从小接受家族的道德伦理教育。经过长年累月的教化熏陶，陆氏家族的子孙都很质朴而有深度。

陆九韶劝勉子孙后代向学，他主张读书的禀赋资质是与生俱来的，但渊博的学问更多地要靠个人勤学苦读与日积月累。陆氏子孙全都要接受系统的教育，无论何时何地都不可中断学业，也决不可产生倦怠或自傲等负面情绪。他以书中孔文子不耻下问、周公苦学不辍等案例来激励后代子孙，希望他们能够效仿先贤勤奋学习，最后学业有所收获。至于读书的内容，陆九韶并不强求弟子专攻科考获取功名，他甚至担忧陆氏子孙过于沉迷科场而荒废一生。他反复叮嘱陆氏子弟要读儒家的经典书籍，踏实做好道德学问，提升个人的道德修养。陆九韶对读书方法也提出如下要求：读书要认真揣摩书中的深层意思，要勤加琢磨、多思考，治学最忌讳的就是不求甚解。他还通过言传身教引导族众，只要勤奋苦学，锲而不舍，最终就能实现学业大成。陆九韶还告诫子孙后代要牢牢抓住学习的最佳年龄。他认为孩子最佳的学习时间，莫过于幼年时期，首先这是记忆力的黄金时期，其次是无外事打扰，可以保持精力高度集中。因此，他劝勉陆氏子孙一定要珍惜少年时期的宝贵读书时间，不可贪玩嬉戏而错失读书良机。即便因各种因素而错失学习的黄金时期，仍不该自暴自弃，应珍惜现有的光阴专心治学。一个从小就开始学习的人，宛如初升的太阳光芒万丈；年纪很大才开始学习的人，就像夜晚举着蜡烛前行，即便这样，也比那些闭上眼睛什么也看不见的人要强。

陆九韶还高度重视对陆氏子孙的实践教育，让他们参加各种力所能及的实践活动，从中得到锻炼，以便学会某种技能技巧，增长实际才干。他建议子孙参与实践可以从身边的小事做起，“处家遇事，须着力去做。若是退头便还是，子弟之职已缺，何以谓学？”他以自己参与管理陆氏家族三年为例子：“吾家合族而食，每轮差子弟掌库三年。”

陆九韶又一针见血地指出，自隋唐开始，开科取士选拔人才的数量极为有限，即使常年埋头苦读，命运不济，也会屡次榜上无名而蹉跎终生。过分追求科举考试就会沦落为孟子口中所说的“求在外者”；而注重提升自我道德修养，成为孝悌忠信的人，是人人可为之事，只需要尽己本分而已。这正是孟子所苦苦追求的东西。陆九韶苦口婆心地反复叮嘱：“况既通经知古今，而欲应今之科举，亦无难者。若命应仕宦，必得之矣，而又道德仁义在我，以之事君临民，皆合义理，岂不荣哉！”陆九韶认为，维系家族团结最核心的要素是保持族内全体成员和谐友善，消除内部不和谐的声音。要实现这一点非常困难，需要家族全体上下都保持孝悌谦逊，轻名利而重品行。“事有本末，知愚贤不肖者本也，贫富贵贱者末也。得其本则末随，趋其末则本末俱废。”家族成员应该将重心放在追求道德仁义方面，而不要舍本逐末去追寻如浮云般的功名利禄。

陆九韶认为，对于子孙不可溺爱，而应该严加管束，使其懂得孝悌谦逊，这才是一个家族得以安宁、幸福的根本。据清同治年间修撰的《金溪县志》载，陆氏家规对族众的约束非常严格，族长每日清晨率领族众在祠堂集合，经过祭祀祖先之后，由一人带领全体族众集体朗诵家规。如有触犯家规的族众，家长要在祠堂召集全体成员，当众指出他的过错，并予以训斥责罚，不知悔改再犯的就要用鞭子抽打，屡教不改继续为恶的人，将他捆绑起来送到官府。最严厉的处罚是将他逐出家族。

在中国传统社会，道教、佛教等各种宗教都极为重视祭祀的礼仪。儒家学派不是宗教，但却异乎寻常地对祭祀之礼产生了浓厚的兴趣，倾注了极大的热情。在陆九韶看来，祭祀之礼是儒家礼仪中最为重要的核心部分，全族成员共同参与的宗族祭祀礼仪，具有敬宗亲族、提高家族自豪感、增强家族凝聚力等作用，进而促进家族内部团结。因而在中国古代的许多宗族中，祭祀礼仪列为首要地位，而作为义门的陆氏宗族更是如此。陆九韶在文中主张，陆氏全体族众每日清晨都安静站立在祠堂的一侧，要衣着干净整洁，在祭祀过程中不可打闹交谈。而那些对祖先不恭或有失容之事，都要受到处罚。供奉完先祖神位之后，集体诵唱家训诗歌，以反省自己内心所思所想，一切都应严格按照家法进行。

陆氏家族正因为始终遵循读书明理、孝悌忠信等传统礼教的规范，才能够连续数代同居共爨，并且以其极富特色的理学学问影响着后世。以理学著称的江西抚州金溪陆氏家族，很好地实践了宋代儒者所设计的新的家族制度的理想范本。陆氏后裔人才济济，如陆焕之、陆持之、陆循之、陆陇其等，不仅才学出众、为官清廉，而且品格高尚，始终牢记陆氏祖先的谆谆教导。

《陆氏家制》一书与各朝家训书籍相比较，蕴含着丰富的思想内涵，一经面世，便在邻近州县备受推崇，最后在全国范围内及后世都产生了较大的影响力。从整本书的特色来看，一方面，陆九韶主张要以孝悌忠信为核心，对家族成员进行思想道德教育，从而起到“正本”的作用。通晓“四书”“五经”等儒家典籍的首要目的是“明仁义”，而非参加科举考试谋取功名利禄、光宗耀祖。在读书目的、态度方面与其他家训迥然不同，此为陆氏家训的一大特色。另一方面，陆九韶认为家族要关注日常的消耗，要以勤俭节约为“治生制用之要”，要量入为出，切忌寅吃卯粮，导致家族日常开销无以为继，从而导致族内滋生怨言，分崩离析。

就像南北朝时期颜之推编撰的《颜氏家训》，《陆氏家制》也成为后世津津乐道的家训之一。陆氏家训，关注制用方面的理论创新，为后世的家风家训提供了较为重要的参考依据，为后人所称道。

第二节 孝亲和睦

陆九韶撰写的《陆氏家制》，以短小简练、通俗易懂的语言告诫家中子女，何事当为，何事不可为，做错事将受到怎样的责罚等，虽然它的篇幅不长，但这种条目化的规范方式多为后世所效仿。

陆氏家族十世同居，数百人同居共爨，要进行组织分工、相互协作才能保证家族的日常运行，因而形成了一套森严、固定的家族管理制度。由于陆氏在家族管理方面获得极大的成功，陆氏家训在古代家庭教育中引起较大的反响，为后世许多家族管理所参考借鉴。

孝悌乃是一个人的立身之本，所谓“孝”就是对父母的孝道，“悌”则含有友爱兄弟之意。自先秦以来，孝道是“天人合一”思想的道德支柱。西汉从立国伊始，就极力宣扬和推行孝道，将孝当作治国安邦的基本国策。两汉时期的皇帝谥号大都带有“孝”字，取“孝子善述父之志”的意思。由于西汉统治者的大力提倡，孝道逐渐上升到社会道德、行为规范标准的高度。为了推行以孝治天下的基本国策，汉代统治阶级又进一步把孝道纳入察举制度之中，用以选拔人才，考核官吏。凡行孝道、孝名远播者，即察孝廉，推荐为官。

一个人无论出身环境多么糟糕，也不管他未来成就高低、官职大小，如果父母仍健在，就必须遵守尽孝的义务，回报父母养育之恩是做人最基本的行为。古语有“羊尚有跪乳之恩，鸦有反哺之义”“百善孝为先”等警示后人的语句，孝作为百善之首，是中华民族传统美德的基本元素，是中国人品德形成的基础。《孝经》有云：“用天之道，分地之利；谨身节用，以养父母，此庶人之孝也。故自天子至于庶人，孝无终始，而患不及者，未之有也。”由此可见，从天子到庶民，但凡身为子女，都应该做到人之所以为人最基本的品德——尽孝道。尽孝是人性良心的一种表现形式，是人性坦诚对恩情回报的一个诠释。

传统儒家认为，孝是一切德行的根本，是实施社会教化的泉源。孝道本来是人的天性，属于人的自然性情中最本质的情感本能。一个重视孝道的大家族，孩童能从小耳濡目染地感受和谐的氛围，因此父母要在家庭中为孩童做榜样，通过代代相传，家族成员的亲情则更加浓郁、关系更为紧密；相反，如果家族成员自私自利，争斗不已，孩童长久受此影响，待长大成年后必然也是薄情寡义之辈，时间一久整个家族必然人心涣散，家族结构解体。家庭作为构建社会的基础单元，其和睦稳定是维系整个社会安稳的基础，如果不重视孝道必然导致整个社会失序。孝是子女对养育自己多年的父母源自内心最真的感激之情，是一种自觉的伦理意识和道德情感，而不仅仅止于供养上，否则就不是真正的孝。子女要做到孝顺，最不容易的就是对父母和颜悦色。孝道不仅仅是有了事情儿女替父母去做，有了酒饭让父母去吃，尽孝道重在心，不在物质的多寡。

人生不如意事十之八九，一生当中难免会留下很多遗憾与悔不当初的事情，其中最令人追悔不已的事，莫过于“子欲养而亲不待”。据宋朝薛据所编的《孔子集语》载，春秋时期，孔子带领众弟子外出游学，在路旁听到有人哭得十分悲伤，就上前询问其缘由。原来此人名叫皋鱼，他忍住悲伤向孔子解释道：“我有三个过失之处：一是年少时为了求学曾周游列国，没有把照顾亲人放在首位；二是志向高远，不去侍奉庸君，到头来事业无成；三是和朋友交情深厚，却因为小事而断绝情义。‘树欲静而风不止’，等我回来想好好赡养父母时，却已等不到这一天了。过去而不能追回的是岁月，逝去的是再也见不到的是亲人。”说完就“立槁而死”。孔子对弟子们说：“你们要引以为戒，这件事足以使你们明白其中的道理！”于是，辞行回家赡养双亲的门徒有十分之三。这一故事告诉我们：儿女对父母尽孝需趁早，趁着他们健康在世之时，要做到常陪伴左右，了解父母的想法和心情，“孝道之义，贵在体贴”。

陆九韶教育后辈子孙为人处世的核心，就是“忠孝”二字。忠是中国古代最高优良品德之一，做事有始有终，乃是发自内心的一种道德。陆九韶教导子孙后代，凡事“忠”字当头，要忠于君主，报效国家。关于尽孝方面，孝敬双亲乃是天经地义的事。历代统治者都秉持“求忠臣必于孝子之门”的选贤原则，孝义是成人之本，也是实现精忠报国的前提条件。如果这个人是不忠不孝之人，品德有瑕疵，即便顺利通过科考，将来到地方担任官员，在施政方面也没有仁慈爱民之心，在任期间要么肆意妄为，要么碌碌无为。这正是我们教育子孙忠孝的意义所在。

陆九韶教育子孙要做到兄弟和睦，互相扶持。他以鲍叔牙、管仲之间分财无猜告诫子孙后代：朋友之间尚能如此信任、坦诚、和睦相处，作为兄弟族亲则更应如此。古人认为天地间阴阳交汇成和气，因而“和”是维系家族的纽带和桥梁，是调和家族成员关系、为人处世的不二法门。他在书中反复叮嘱族众要在待人、处事方面始终做到以礼待人，不要矜持傲慢。如果你的态度温和，那对方也会让步，这样双方就不会起争执了。与人长久相处之，不可过于吝啬和贪小便宜，尤其是锱铢必较、毫末必争之人，会引起别人的反感，最终导致别人疏远他。更为甚者，会引发许多不必要的争执和诉讼。

每个人的性格、个性都迥然不同，因而这也是造成家庭成员关系失和的主要原因。由于家庭成员性格各异，偏好不同，每个人针对某件事的处理方式及观点不可能一致，因而容易产生摩擦甚至起争执。这些细小的分歧若不引起重视，极易引发家族矛盾，致使家族成员关系失和，严重者甚至兄弟反目，分家财而不再往来。

他还告诫自己的子孙，言语是引发灾祸的根源。待人接物时，不可过度地夸耀与赞誉别人，亦不能因恼怒而对人恶语相加，君子慎言行，凡事要以礼为先。为人处世不可过度热情与过度冷漠，而要以仁义为尺度，控制自己的言行。在处理族人、主仆、邻里关系方面，要始终保持宽容有礼、和睦相处。陆九韶在字里行间殷勤嘱咐后辈子孙在与人打交道时，要牢牢记住家训中的相关规定，处理好人际关系，始终保持有礼有节的翩翩君子风度。在子孙后代的嫁娶方面、陆九韶都有一定要求，他主张嫁娶务必要慎重对待，要多方考察对方的风评。如果对方家教修养较为欠缺，万万不可和对方结为亲家，以免惹上不必要的麻烦。后世子孙若有嫁娶，需要挑选忠孝的人家，这样才能使后代家族和睦相处，这是家族兴旺的根基和希望。

睦邻，扶助贫弱，是一种朴实的中华民族传统美德。每个人都有遇到困难的时候，这时最需要的是别人给予一定的帮助，从而渡过难关。陆九韶极力主张要主动帮助那些需要帮助的穷人，他建议家族将剩余的粮食、衣物用来救助鳏寡孤独之人、饥寒交迫的乡邻。他劝导子孙，如果对那些需要救助的人显得事不关己、漠不关心的话，那么彼此关系就会变得冷漠。如果失了人情，那么别人便不会再帮助你。他扶贫济困的教化思想，要求子孙多多积善，积极支持公益事业。陆氏家族还曾带头出钱建立社仓，并带头捐谷、动员附近富家，以便灾年赈助乡里平民。陆氏家族倡导扶危济困、关爱乡邻并身体力行，实为中国古代各家族的楷模。

第三节　清心俭素

陆九韶在高度重视民生的同时，对治理家族也颇为关注，并结合自身多年管理陆氏家族的经验，撰成《陆氏家制》一书。他的原意是只有将家族伦理道德的“本”端正好之后，再以节约制用来辅助，从而实现保持家族长盛不衰的愿望。陆九韶撰写的书，内容通俗易懂，道理十分浅显，该书的文风与梭山先生的品德一样，质朴无华。《陆氏家制》主要围绕治理家族的实践经验而论述，不存在虚话套话，而且该书的管理经验可以复制，供其他家族在管理过程中参考借鉴。

陆九韶高度重视家族管理的琐碎之事，这是陆氏治学的一大特色，主张践履之学。他认为任何一件细微的事，如果不加以及时处理，都有可能会酿成大祸。自孔子创建儒家学派以来，经过多年的补充与发展，逐渐形成了“修身齐家治国平天下”的儒家基本思想。到了宋朝，随着书院教育的兴盛，以及统治者的大力倡导，尤其是科举考试的内容范围圈定为“四书”“五经”之后，儒家的一些言论更被读书人奉为至理名言。陆九韶主张，按照儒家修、齐、治、平之理念，必须不断加强自身的道德品行，然后管理好自己的家庭和家族，最后才能实现治理国家、造福百姓的终极目标，所以这个排列顺序极其重要。

关于家族的日常管理，“梭山坚苦立学，言治家不问贫富，皆当取九年熟必有三年蓄之法”。陆九韶列举一系列的方法，首先就是家族要勤俭节约，靠勤劳双手实现发家致富，简单朴素乃是守家立业之本。他反复告诫陆氏族人，做任何事必须脚踏实地，将目光放长远一点，切忌急功近利和歪门邪道，唯有辛勤劳作、勤俭持家，才是家族日益旺盛的根本之道。

陆九韶指出居家生活的七种常见毛病：“居家之病有七：曰呼，曰游，曰饮食，曰土木，曰争讼，曰玩好，曰惰慢，有一于此，皆能破家。其次贫薄而务周旋，丰余而尚鄙啬。事虽不同，其终之害或无以异，但在迟速之间。”一旦家族中有族众沉溺于戏谑取笑、四处游手好闲、饮食毫无节制、大兴土木、经常与人诉讼、花费巨资玩好、怠惰亵慢等不良现象中的一项，就能使家族迅速败落。家境贫寒却硬撑着讲究大排场，家境殷实却吝啬待人，这两种情况虽然不同，最后产生的祸害并无分别，只是时间的早晚罢了。陆九韶的这些说法，切用而无任何难行之处，真正显示出他平民思想家的本色。李穆堂跋云：“《梭山老圃》四十卷，见《宋史·艺文志》。明季内阁尚有之，今购求不可得。止从其家谱录出《居家正本制用》四篇，而修身齐家之要已大备矣。若见全书，岂不当与《语》《孟》并传也哉！”

陆九韶能将家族的经济打理得井井有条，他的秘诀其实非常简单，只有“勤俭”二字而已。因而他认为勤俭节约是管好一个家族的根本所在，并为陆氏后人留下严格的规矩。在保持勤苦劳作的同时，再辅以节俭的美德，这是家族能够始终保持兴旺的动力。陆九韶认为，家族犹如一个国家，一个人能够治家，有治家的本事，就能够治国，所以家庭教育非常重要。而其中管理好一个家族，经济生产与合理安排使用同等重要。按照陆九韶多年的家族管理经验，一户人家的全年收入可以平均分成十份，留三份预防水旱之灾，一份作为年终家族祭祀的费用，剩余的六份，应该平均放在十二个月的日常生活，再将每月的费用平均分为三十份，每天使用固定的配额。“可余而不可用尽。”陆九韶建议使用其十分之七最为合理，而结余的钱财要保管起来，并记好账目，用来应对日常生活中其他的支出，比如嫁娶丧葬、医疗、接待宾客等费用。如仍有结余，则可用以救济乡邻中的贫困者。他希望后世子孙要合理使用家族分配的额度，最好能预留出一部分应对意外突发情况，这样才能使家族的生活保持稳定有序，不会陷入困顿。

如果家族的田产较少但日常消耗较多，便应在生活模式方面做出相应的调整，减少一些不必要的欲望，养成节俭风尚。日常生活要精打细算，省食俭用，千方百计积攒些钱财，以备不时之需。与此同时，家族还应重视经营生产，想方设法增加家族的收入，从而使家族成员过上温饱甚至是殷实的生活。至于宴请宾朋、嫁娶吊唁、往来互赠等就不再追求排场，要保持勤俭节约的良好品德。若能这样，才可以称作是合适恰当的生活，从而可以避免小气抠门、挥霍浪费等错误的消费观念。假使一个人能保持恬淡寡欲，就能感受到发自内心深处的喜乐，心灵的平静才是保持身心健康的重要方法。平时要加强个人的身体锻炼和道德修养，不要使自己太劳累疲惫。“酒肉贪多人折寿，衣食生身天付定。”过度贪图享受喝酒吃肉，满足口腹之欲，这些都是会影响寿命的。要满足当前的生活现状，不要过分经营贪财，现在的一切都是上天注定的，命里没有的东西千万不要去强求。

陆九韶所倡导的家庭治生之法，用当今的眼光来看，其实是一种既不奢侈也不吝啬的折中居家方式。他从当年的家族管理经验中得出以下结论，假如家族的日子过得太奢靡，就会导致整个家族逐渐走向衰败。但是也要避免陷入另一个极端，日子过得太过吝啬小气，该花的钱不花，该用的东西也不用，时间一久就会导致家族成员相互暗生怨气。合理配置家族的资产，要依据家族财产的丰裕程度来制订一整年的家族支出计划，然后坚定不移地遵照既定的计划执行，“合万钱者用万钱，合百钱者用百钱”，生活过得适中，既不奢侈也不吝啬，根据收入的多少来决定开支的限度，这才是维持家族长久的治家秘诀。

制用兴家之道。家庭若想要购置房屋、田地等产业，首先要勤勉劳作，努力生产出更多的物质财富，从而实现置业的愿望。陆九韶反复强调治生的重要性。所谓“治生”，就是经营家业或者谋生计。它关系到每个家族的兴衰存亡、每个家族成员的生存与发展的保障，与每一个人都息息相关。治生的种类繁多，方式不一。士人是四民之首，未获取功名之前，平日须用功苦读，勤奋不懈，获取功名之后则为官员，统治百姓。农民以在田地里辛苦耕作为生，工匠以在作坊商铺里打造器物为生，而四民之末的商人则以贩运买卖、互通有无为生。陆九韶认为，每人都应该有一份谋生的职业，无论选择士、农、工、商哪一种，必须掌握某种技能或特长，再加上不辞辛劳，这才是古人所说的成家立业的正确途径。其次就是全族上下都要克勤克俭，节俭朴素。如果希望后世能享受清白世家的美誉，就必须始终勤俭节约。他为那些辛苦一生创立家业的创建者感到惋惜，他们的后人一开始还能保持勤劳，到后面就逐渐变得懒惰奢靡，导致家道彻底衰败。他希望陆氏子孙要吸取这样的教训，避免重蹈覆辙。

陆九韶对子孙的道德要求和行为规范寄予很高的期望，即要注重自身道德品质修养，要有君子的道德情操。与此同时，他认为要想保持内心的完整与清净，必须经常自我反省体察，磨砺道德品性，唯有淡泊名利，看透世间诱惑的本质，回归一种大道至简的生活，才能保持内心的宁静。他的这些教导深受老子“致虚极、守静笃”思想的影响，追求身体和心灵与道合为一体。他劝导后世子孙不为钱财名利所动，即使处于贫穷的境遇，也要奉行自己信仰的道德准则，始终保持高尚情操并完善自我。犹如他隐居于梭山，一生悠然自得地耕读，远离了科考和官场的黑暗，排除一切杂念地治学，悠然自得，不求名利。

陆九韶极力反对奢华和铺张浪费，鼓励勤俭持家，并对肆意挥霍钱财、过分追求享受的行为进行了批判。他希望后世子孙始终能够保持节俭朴素的美德，千万不可沾染奢靡之风。他曾引用《左传》教训子孙说：“俭，德之共也；侈，恶之大也。”倘若一个人保持节俭，贪念欲望就会减少许多。如果君子的贪欲减少了，他就不会成为物质欲望的奴隶，就可以用正道来约束自己的行为，从而少犯过错。对于普通大众，勤俭节约能够使他们始终谨慎持家，通过节约日渐富裕起来。他反复提到司马光的

“由俭入奢易，由奢入俭难”的家训道理，希望子孙后代要勤俭节约操持家务，切莫贪图一时的享乐而使家族数百年的努力付之东流。陆氏六兄弟都追求朴素简单的生活，均以节俭朴素为美。陆九韶临终前留下遗嘱告诉子孙，他要求死后葬于梭山，墓穴只需放下棺椁即可，无须任何名贵器物陪葬，丧事要简单操办，切忌铺张浪费大事操办。陆九韶教育子孙注重言传身教，他不仅用言语来教导，而且用自身的行动来示范，希望后世子孙能够秉承自己的遗志，将清白传家的陆氏家风一代一代地传承下去。他一生勤俭持家，在梭山隐居时，年过七旬仍从事耕作，以身体力行的榜样示范，引导和激励着陆氏后世子孙。

第六章

家风继世遗后人

陆九渊在长达数十年的教书育人的过程中，逐渐形成了一套行之有效的家庭教育方法。他极力主张为了实际应用而学习，学以致用，从而培养造福社会的有用之才。在教育子女方面，他将三纲五常的伦理道德和常用的知识技能，总结为“道”“艺”两个层面，或者说是“精神”与“物质”两个层面。他主张教育要以道为主体，艺则辅之，认为只有深切体会“道”的存在及功用，才可以做一个堂堂正正的人。因此，他要求子孙后辈要将功夫下在“心”上，发现人内心深处的天赋与才能，认同儒家伦理纲常并在日常生活中予以践行。

第一节　“五自”精神

“心性之学”是理解儒家思想的一把金钥匙，它的核心是确立人格尊严和弘扬人的自觉性。陆九渊的教育思想是在强调寻找失落的本心、发明本心的基础之上再启迪智慧，陶冶人格。也正是本着寻找失落的本心这一教育思想，他才进而要求人们解放思想，正确认清自我价值，从而可以使自我价值得到充分实现的可能，让失落的本心重新焕发光彩。正如他的弟子袁燮所说：“当众人迷失大道的时候，陆九渊却启发人的自觉性，就像用药治疗生病很久的人。迷路的清醒过来，重病的也好了，体现在他日常生活之中——人的本心，也就在这里了。”

启发人的自觉性，最早是《易经》和《诗经》提出来的，如“君子自强不息”“自求多福”等古训。陆九渊充分肯定了古人关于发挥主观能动性的语句：“圣贤道一个自字煞好！”他在此基础上加以完善，提出“自立、自重、自得、自成、自道”的“五自”精神。自立的反面是“自贼”，自重的反面是自暴，自得的反面是自弃，自成的反面是自是，自道的反面是自屈。这反面的“五自”正是一个人失落本心的表现。陆九渊在平常教学、与友人通信中，都对人性失落现象进行了一一批判。

自立指的是自我独立，不依赖他人。陆九渊只对学生谈总的方向、总的要求、总的大端，这叫“辨志”，但具体的“立”就靠学生自己了。如果先生包办，对学生的要求过于琐碎，那是强夺；对学生的禁令再多，学生没记在心里，也是枉然。因而他在槐堂书院总是勉励学生辨志，鼓励他们学习一定要靠自己多思多悟，这个思考的过程是他人不能帮助的。先生的责任，只是正确引导。他认为没有远大志向的人，犹如失去方向的航船，一旦所立的志向存在问题，就像走山路陷进山谷，是越陷越深的俗人。有了志向不能践履或者遇挫折就退缩的，是没有毅力的弱人。中途丢了志向，变得浑浑噩噩的是随俗浮沉的庸人。见利思迁，改变志向的是软骨头的小人。只要有志向，就是正人。为了正确的志向，奋斗终生，因种种复杂原因，不见其大成功，成了铺路者，仍然算得高人。有志，而又获得成功的，才算强人。有大志，获得大成功的，可算超人。陆九渊曾反复教导门下弟子：“人惟患无志，有志无有不成者。”自立就是不依赖他人，不假借他手，凭借自己的辛勤劳动而安身立命。换言之，但凡是个身心健全的正常人，必须自食其力，通过自己的双手进行劳动来养活自己和家庭。主动进取是一种良好的人生态度和做事方法，人要学会精神上的独立、不依赖。人只有先确立自信，然后再通过自强不息的奋斗，才能实现自立。生而为人，必须在他人面前挺直腰杆，甩开身边可以倚赖之物，从而实现自我独立。

自重指的是人品方面。人品有先天的气质，也有后天的培养。古代教育家主张十五立学，那么十五岁以下呢？也要注意“人品”的培养教育。陆九渊主张“教小儿，须发其自重之意”。教育幼小的孩童，最核心的内容乃是让他明白何谓自重。这里包括学前教育、幼儿教育和小学教育，古人统统称作小学。对于青年和成年人教育呢？自重有多种含义：自己看重自己，自己器重自己，自己尊重自己，自己倚重自己。唯有如此才可以真正审视自我，从而振作精神，奋发图强，发挥自己最强大的力量，对人类有所贡献，即使贡献很小，也算没有白吃人间饭。这种自重，才不会自卑；这种自器，才不会自哀；这种自尊，才不会自侮；这种自倚，才不会自贱。一句话，自重就是一个人正常的自尊心，而不是那种妄自尊大、养尊处优、唯我独尊的盲目自尊心。《易经》解释“谦”卦，叫“谦尊而光”。

自得、自成、自道指的是事业方面。有了崇高的志向和高尚的人品，还得干有意义的事业。自得是独立思考，自成是别开生面，自道是做出贡献。这是教育事业的终极关怀，培养人才的最高要求。陆九渊用石破天惊的语言说：“自得、自成、自道，不倚师友载籍。”请注意这个“倚”字，他的教育思想绝不是不要老师、朋友、书籍，而是说“不要倚赖”“不要依靠”“不要迷信”的意思。陆九渊主张让教育去掉许多“虚火”，少一些“妄念”，回到它清凉宜人的本质。

陆九渊在教育子女方面，奉行以身作则的表率教育。他认为教育的首要宗旨乃是“教人做个人”。《象山语录》载：“人生天地间，为人自当尽人道。学者所以为学，学为人而已，非有为也。”陆九渊认为，学做人才是求学的首要任务，许多读书人本末倒置，过于追求学问而误入歧途。

“学做人”就是要努力成为他人的示范或榜样，在道德方面获得他人发自内心的钦佩，然后认真读书治学，这才是“学做人”的正确理解。他教育子侄务必努力成为一个“天理纯全，仁、义、礼、智具备的人”，应该具备孟子所言的“恻隐之心”“羞恶之心”“是非之心”“辞让之心”。如何才能在他人面前起到表率作用？首先要尽早“辨志”。所谓辨志，就是“义利之辨”，通过明辨公私而分清义利，他教育后代要践行正确的义利观。其次是“发明本心”。通过向自己的内心发问搜求，逐渐摆脱物质欲望的控制，从而保证自己的内心与身体处于无杂念的清明状态。陆九渊在教育后人方面，主张践履之学，就是要将所学的理论知识应用到日常生活之中，唯有如此，才能以自己的言行做出榜样，成为他人学习和效法的楷模和表率，这为明朝王守仁提出“知行合一”思想打下了坚实基础。

陆九渊在强调“五自”精神的同时，指出应注意八点：一是义利交战的时候，是取义还是取利呢？这里特别需要自立。二是不要陷入“自执己是”，即自以为是的陷阱，瞧不起古人，或许相反，以为自己不如古人。三是自立还要立人，希望人人能自立。四是不要中途而废，要有毅力。五是不要聪明反被聪明误。六是不要盲目地羡慕别人虚假的成就，要脚踏实地，真实地做学问、做事业、做人，自信是“真”。七是独立思考时，不要随人脚跟，学别人说话，也不要怕人家说标新立异，只要有长进，就不怕受委屈。八要有“大量”、宽宏沉静，包容一切不同意见，不要“小家子相”。

自立是有假象的，陆九渊统称为“附物”。“附物”一说引人深思。譬如蛔虫、爬藤的寄生，人类也有“附物”。他说现在略有些气焰的人，多只是附物，根本算不得自立。小人是软骨头，“附物”是没有骨头，此人的“气焰”从何而来呢？“借光”罢了！“附物”的人格已经丧尽，悲剧就在于它还自认为是“自立”，不知天下有“羞耻”二字。如果将“附物”比作人身上的肿瘤，没有气焰的是良性肿瘤，尚可容忍；有气焰的，就是恶性肿瘤了，必须动手术。

陆九渊教育自立的青年、教育后代识别“附物”，不做“附物”很重要。在人群中，超人、强人是少量的。“正人”是有的，有缺点的“正人”和“盲人”、俗人、庸人是大量的。但都是人，即使是“小人”，也还可以算“可怜的人”，唯独“附物”不过是人类的垃圾而已。

自立又立人，助人即助己，这是超越时空的美德，也是治学、治己、治人、治家、治国的一条真理。自得、自成、自道，那是高标准要求，比较难做到，但自重是可以做到的。教育每个人认识自己、相信自己、尊重自己，发挥自己的力量，是振兴民族、富民强国之路。

“五自”精神是陆九渊“易简教育学”中道德教育的核心思想，也是做人的基本道德品质，亦是“发明本心”之后呼唤人的主体意识、弘扬人的自觉性的又一把金钥匙。在南宋末世窒息思想和思想混乱的年代里，强调主体意识显得尤其重要。陆九渊的德育以“五自”精神的树立为主，是难能可贵的、语重心长的。

第二节　廉洁自律

清廉是一种官德，从古至今，清廉都是人们对为官者的一种要求和企盼。在古代的官箴之中，清廉从来都位列其中，到清代更被列为官德之首。清廉得到了如此之多的关注，其实也从侧面说明了实现清廉的艰难。自古至今，提倡清廉的呼声就一直存在，而贪污腐败现象也一直与之伴生。

陆九渊仕宦二十余载，虽官位不显，但他在任职期间廉洁奉公，公平公正，为人正直，以敢于评论时事、直言规谏而闻名。陆九渊教育后代子孙的核心内容就是一个“廉”字，陆九渊对“廉”十分重视。北宋时期的包拯曾在《乞不用赃吏疏》中直言：“廉者，民之表也；贪者，民之贼也。”他认为官吏一旦产生贪念就会祸害百姓，一旦开始贪赃枉法就必然会横征暴敛，为祸地方，这种官吏就是人们眼中的盗贼。陆氏家训中反复出现“不得”“不从”等相关字眼，严厉告诫后世子孙，若是从政者出现贪腐行为，要将他逐出族籍，以免给陆氏家族抹黑，死后亦不得葬入祖坟。在古人的观念中，死后如不能落叶归根，就犹如孤魂野鬼，这在当时绝对算是极为严厉的惩罚，但也从侧面看出陆氏家族清白传家的良苦用心。他希望后世子孙能够继承并发扬自己两袖清风、一心为民的廉政作风，将清廉之风不断发扬光大，造福百姓。

陆九渊到荆门赴任之后，他平静谦和，沉稳厚重，拒绝讲究排场和宴请等官场不良风气，经常深入到基层去调研，了解荆门底层老百姓的真实生活情况。发现有些老百姓生活困难，他切切实实地为老百姓解决问题。陆九渊这种实干的官员在当时也不多见。

陆九渊深知官场上总是有一些所谓的“潜规则”，往往秉公办事的人会得罪不少人。这种“潜规则”实际上源于人们把权力与私利相交换的行为。权力的诱惑非常大，有了权力，金钱、名利便接踵而至。因为所有的人几乎都有求于权力，这对于手握权力的人来讲便是一个巨大的考验。在私利面前，唯有不动心，才能守得住操守，才能清廉。然而在利益面前不动心的官员却非常少，从而导致出现上面说到的那些“潜规则”，致使人们对官员道德的普遍不信任。于是他曾劝勉下属官吏及衙役有空多看《论语》，多聆听圣人的教诲：“饭疏食饮水,曲肱而枕之,乐亦在其中矣。不义而富且贵,于我如浮云。”陆九渊劝勉官吏务必要清廉，为官者要忠于职守，就必须处理好公私关系、义利关系，处理好欲望和现实的关系、忠和奸的关系等。陆九渊的劝勉训话很快就在荆门官场上流传，一些曾经有过贪腐或正有此想法的官吏，都赶紧收手或加以收敛。为官者一旦守住了清廉的底线，便能在人民和下属面前树立威信。整个荆门官场风气为之一清，百姓无不拍手称好。清嘉庆年间进士张聪贤编撰的《官箴》总结为“公则民不敢慢，廉则吏不敢欺。公生明，廉生威”。

南宋时期，荆门军的吏治比较腐败，官员大肆敛财，其中最难以解决的便是积欠问题。北宋时期，一旦某个地方遭遇自然灾害，朝廷会允许该地缓交上贡粮赋等，待灾后再予以补缴。但荆门历任长官以边境战乱为由，积累下来大量积欠，这是官吏敛财的一种常规手段。陆九渊上任之后决心为朝廷和荆门百姓治愈这一顽疾，他通过调查访问取证，发现荆门军的积欠名目都是上下各级贪官污吏联合起来编造的。一心为公的陆九渊决心顶住上级压力，凡是有关催促荆门补缴积欠的相关命令，他都不予理睬。时间一长，就有效遏制了荆门官吏贪污挪用的借口。

陆九渊曾有过一段非常精辟的言论：“官人视事，则左右前后皆吏人也。”他认为，当官的人大多是异地任职，初到任所，人生地不熟，不得不依赖世居此地有声望的吏员来管理地方复杂的事务。此外，大部分的官员三年就任职期满，极有可能调任其他地方。因此，他对于官人与吏员之间的区别深有感触，“故官人为吏所欺，为吏所卖，亦其势然也。”而官员大多是埋头苦读的士子，对于管理事务也不大精通。而生于斯长于斯的吏员，关系错综复杂，贪腐的门路数不胜数，致使不少地方官员都被当地吏员所欺瞒，甚至县令大权旁落，沦为傀儡。陆九渊认清了这一问题的关键所在，直指症结，在荆门任职两年多的时间里，他严厉惩治贪污腐败的官吏，荆门吏治整顿效果显著。令普通民众尤为称道的是，陆九渊在打击贪腐的同时，选贤举能，提拔了一批清正廉洁、踏实能干的地方官吏。陆九渊在他们的辅佐之下，将荆门治理得井井有条，百姓安居乐业。

儒家一向重视个人的道德修养和品行的培养，也相信道德的力量是巨大的，在清廉这个问题上也不例外。儒家倡导为官为政者要清廉秉公，不徇私情，勤政爱民。所以说，清廉为官是一种高境界，一种大眼光和大胸怀，唯有独善其身，不跟着诱惑走，不被形形色色的欲望所束缚，才能真正做到“清廉如水”。

陆九渊不谋私利，公正廉洁，道德高尚，一生清正廉明。他认为为官做人，除了做到明廉，还应知耻。《管子》中的一句话很恰当地说明了廉与耻的重要性：“礼义廉耻，国之四维；四维不张，国乃灭亡。”知耻是其他行为规范的根本，礼、义、廉、忠、孝、悌皆是建立在个体知耻的基础之上、道德良知的约束之下。人做出有悖礼义道德之事，其根源就是没有知耻之心，毫无自知之明，认识不到自己行为失衡的病端。

陆九渊仕途前十几年只是闲散官职，虽然主管道观的油水也是十分丰厚的，其中包括各种孝敬等灰色收入，但陆九渊一律拒之，只靠朝廷每月发放的俸禄度日。因前来问学的士子过多，导致槐堂书屋容纳不下，遂到贵溪应天山筹办象山精舍，但他却因为囊中羞涩，“孺人捐奁中物助之”，居然需要靠妻子变卖首饰筹集资金。由此可见，他一生是何等廉洁自律，除应得的合法收入，绝不拿一丝一毫，以免玷污自己的清白。陆九渊一生从不阿谀逢迎，做事不偏不倚，其人格堪称传统儒家知识分子的典范。

陆九渊将廉视为官吏从政的最高准则与底线，他一直在倡导并努力践行清正廉明。在荆门任职期间，他将自己的家庭收入情况公之于众，接受社会的监督。尤其在筑造城墙时，更是将自己半年的俸禄尽数捐献出去，起到了模范带头作用。在陆九渊的身体力行与耐心教导下，长子陆持之从小就品行端正，行为举止合乎规范，勤奋好学，七岁就能写文章，为人光明磊落，而且自律严谨。嘉定十六年（1223），宋宁宗特诏陆持之为迪功郎，后来任职浙西安抚司。陆持之为官多年，一直效法其父，始终做到克己奉公，保持良好操守，继承了陆氏家族的清白之风。

第三节　家族人才辈出

陆氏六兄弟极为重视子女的家庭教育，并且始终坚持以身作则，以自身的行为去影响和教育子女，为后世子孙起到榜样与示范的引领作用。通过他们不懈的努力，陆氏家族人才辈出，陆氏家族读书明理、孝亲和睦、清心俭素的家风，至今仍惠泽后世。李绂《陆子学谱》载："自九渊先生以下五世同居，至宋元鼎革之时，陆家科名爵位甚盛。出两进士、两举人、一征君。子孙通显者指不胜屈。仅九思一门，八子十六孙三十三曾孙，孙曾两世仕宦三十余人。史册所未有也。"

陆九思的长子陆焕之（1139—1202），字伯章，又字伯政。他与六叔陆九渊同年出生，"生而颖异端重"。从小就极其聪慧，五岁跟随陆九皋启蒙读书，不管是坐还是站，都符合礼仪。平时话语不多，读书时很会思考，并善于揣摩体会老师话语间蕴含的思想，然后形成自己的观点。在他十六岁时，众位叔父给他讲《大学》，他认真听完后，提出"穷深造微，极其旨趣”，文章风格独特新奇，自成一家。

他看当时许多士子读书时不求甚解，逐步沦为异端，主张“自拔出以张吾道”。哪怕是名儒为世人所宗，他也一定会发声斥责。乡邻州县都尊敬他的学问与品行，尊称他为“山堂先生”。著有《山堂集》，陆游为该书写序。

陆持之（1156—1210），陆九渊长子，字伯微。陆持之天资聪颖，相传他七岁就能写文章。

由于陆九渊在五十二岁时前往荆门赴任，孝顺的陆持之跟随前往荆门照顾。某日荆门城内突然发生火灾，陆持之镇定自若地指挥老百姓有条不紊地救火，最终没有造成太大的损失。陆九渊在治理荆门期间，举贤不避亲，也非常器重长子。陆持之与人交流的时候，如果对方的某句话对他深有启发，他便牢记在心中，一辈子都不会忘记。遇到可以培养的人才因家境贫困而失学，他会以财物资助他。他的亲朋惊讶于他如此快速增长的学识，然而他自己却不满足，认为还不够努力。韩侂胄想要起兵北伐，收回失陷故土。然而陆持之却觉得此次北伐准备不足，过于草率，因而内心忧虑，无法释怀。于是他将所有地方上的军事统帅都拜访了一遍，尤其是拜访在九江防守的统帅徐谊，为他提出一系列的江防策略。后又拜访薛叔、吴猎等人，阐明自己的见解。其忧国忧民之心，有其父之风。

陆持之与人交谈，从不遮掩或闪烁其词，他光明磊落、畅所欲言，而且极为自律、严谨。初次与陆持之会面时，人们会觉得他非常平易近人，与他谈论事情时，他的思路极其缜密，逻辑思维极为完整，令人无懈可击。嘉定十六年（1223），宋宁宗特诏陆持之入秘书室读书，又诏授以迪功郎。宋理宗赵昀即位，陆持之担任修职郎，后调任浙西安抚司，最后因病而致仕，改通宜郎，最后病逝于临安。著有《周易提纲》《诸经杂说》《戆说》。

陆九渊是陆贺的第六子，生有子陆持之、陆循之；持之生子陆浚、陆洞；陆浚生子士柹；士柹生子陆文熠、陆文烩、陆文烃；文熠乏后，文烩生子陆庭标；庭标生子陆锐、陆厚；陆锐生子陆胜。后世子孙由于在外地为官而不断迁徙，分枝散叶于各地。经查阅相关族谱、史料等文献进行统计，陆九渊亲支主要以浙江平湖支、贵州勋烈支、江西贵溪支等为代表。

（一）浙江平湖支

据清陆鸣銮纂修的《浙江平湖陆氏家史五卷》载，陆持之次子陆洞，陆洞之子陆士淳，陆士淳育有三子陆文烦、陆文通、陆文远。南宋末年陆文远自江西金溪徙居浙江平湖，成为浙江平湖分支的始祖。平湖陆氏各宗，统称景贤支，其下又有枢密支、祥里支、当湖支、靖献支等。明嘉靖年间锦衣卫都指挥使陆炳、明嘉靖年间礼部尚书陆树声、明万历年间兵部尚书陆完学、清代理学名臣陆陇其等为平湖陆氏族人的杰出代表。

浙江陆姓族人在明清两朝入仕为官者众多，据不完全统计，从明初至清末进士及第者就有数十名。陆氏后人始终恪守陆氏祖训，在为官期间都廉洁奉公、爱民如子。

陆炳（1510—1560），字文孚，号东湖，浙江嘉兴府平湖县人，明嘉靖年间锦衣卫都指挥使、都督同知陆松之子。其母为明世宗嘉靖帝朱厚熜乳母，陆炳自小随母出入宫禁。嘉靖十一年（1532）陆炳中武进士，授锦衣卫副千户。嘉靖十八年（1539），陆炳随驾南巡至卫辉府，半夜行宫突然失火，陆炳冒着烈焰背负嘉靖帝从火海中脱险，从而深得嘉靖帝的信任，被擢升为锦衣卫都指挥同知，累升至后军都督府左都督。嘉靖二十四年（1545），陆炳开始担任锦衣卫都指挥使一职，并参与朝廷的政治斗争。他先后设计铲除时任内阁首辅夏言，并勇于揭发大将军仇鸾和司礼监宦官李彬侵盗施工材料的罪行，陆炳被加封为太保兼少傅，仍执掌锦衣卫，他也是明朝唯一一个以三公兼三孤的官员。嘉靖三十九年（1560），陆炳病逝，谥“武惠”，赠忠诚伯。

陆树声（1509—1605），字与吉，号平泉，嘉靖二十年（1541）进士，官至礼部尚书，谥“文定”。《明史·陆树声传》称其“端介恬雅，翛然物表，难进易退。通籍六十余年，居官未及一纪”。陆氏祖上以家风严谨闻名，他与弟弟陆树德皆恪守家风，“在官则廉慎自守，居乡则安静寡营，故囊乏羡资，家鲜厚蓄，无余润以推及亲党，所赖彼此相戒，仅得寡过”。为了教导子弟继承祖上传下来的良好家风，陆树声在八十一岁的高龄撰写《陆氏家训》一卷。开篇以“吾陆上世农家，两伯父皆业儒……不获试，殆余兄弟始通仕籍……庶几衣冠之族，绵诗书之泽矣，继自今”的家史，说明陆氏家族能跻身“衣冠之族”的艰辛不易，他告诫后世子孙若想“绵诗书之泽”，就必须“惇孝友，笃伦常”；然后他就守护祖墓、孝敬父兄、和睦宗族、教导子弟、谨慎交游、男女婚嫁、置买产业等方面提出了具体的要求，并特别奉劝子弟一定不要忘记祖辈创业的艰辛，习染骄奢淫逸之风，而要居安思危。陆树声著有《陆学士杂著》《陆文定公全集》等。

陆南阳，字伯明，他是隆庆年间的贡生，被授予湖北善化知县一职。他在任职期间颇有政绩，“织毫无所，赎典悉用积谷，又捐俸以济诸生贫寒者。又捐俸修筑邑之南堤，以防水患，邑人称陆公堤”。他赴任途经洞庭湖时声称，待他离任之时，决不带善化县寸丝尺麻，以示清正廉明。《康熙常州府志》记录了他卸任返乡的奇事：陆南阳离任雇了一叶扁舟返回浙江，经过洞庭湖时突起狂风巨浪，摇船的舟子们都非常惧怕，都向河神磕头求饶。陆南阳缓缓地对洞庭河神说道：“昔吾与神约，必不携善化寸缕还，吾不食言，神讵忘之？”他话音刚落，风浪便停止了。陆南阳返回老家之后，“解囊不得一钱，授徒自给”。由于他将所有的俸禄都捐献出去，晚年只能靠教授学生收取束脩以维持生计。陆南阳安贫乐道，为人乐观风趣，深得乡邻后辈仰慕。

他的儿子陆完学，字汝成，号凤台。据其墓志铭载，“陈夫人梦大士授而生公”，从小就极为聪慧。万历年间，陆完学高中进士，他为人刚正不阿，决不向权贵低头，因而仕途不顺。他在福建任藩台时，正值阉宦魏忠贤权倾朝野，各地许多官员纷纷劳民伤财为魏忠贤建生祠，唯独陆完学毫不理会，拒绝媚上。时有阉党潘某诬蔑陆完学是“东林健足”，并声言告状，陆完学置生死于不顾，不忍心加重老百姓的负担。后崇祯即位，清算阉党，陆完学升任浙江巡抚。他在任期间，当地老百姓安居乐业，曾修筑海堤百里，终官兵部尚书。无独有偶，陆完学的族人陆卿正，天启年间进士，授真定（今河北正定）知县。他的上司曾一日五次来檄文，催促他赶快为魏忠贤建生祠，“卿正不为动，忠贤败，升福建兴泉道”。当时有数万贫民生活艰难，纷纷沦为海寇。陆卿正到福建任职后，当地官员打算用兵围歼这些海寇，他力排众议，主张招抚，并冒险与海寇首领进行谈判，努力劝他们改邪归正。在他的不懈努力之下，“寇氛遂息”，于是境内大治。

陆瑜，宣德八年（1433）进士，授刑部主事，尚书，熟习法律、典故，屡辨冤狱。

陆钺，天顺八年（1464）进士，授编修、修撰，侍东宫，太常少卿兼侍读。

陆简，字廉伯，成化二年（1466）进士，授编修，官至少詹事，兼侍读学士。

陆伟，成化六年（1470）举人，授山西泽州知州，时大饥，人相食，奏发内帑，沿门赈救，设常平仓，筑路造桥，老百姓都感谢他所施惠政。

陆淞，弘治三年（1490）进士，修《大明会典》，授礼部主事、南京光禄卿。子陆杲，曾任刑部主事。孙陆光祖，十七岁与父同举于乡，嘉靖二十六年（1547）进士，授浚县知县。

陆偁，弘治六年（1493）进士，授御史，升福建按察副使。三子皆进士。

陆溥，正德三年（1508）进士，授兵部职方立事、布政司左参政。

陆钶，正德九年（1514）进士，授兵部尚书、布政使、右副都御史。

陆铨，正德十六年（1521）进士，授刑部主事、广东右布政使。

陆大受，万历三十五年（1607）进士，历户部郎中、知府、兵部尚书。

陆光旭，顺治九年（1652）进士，曾任知县、御史储粮道。

陆棻，康熙六年（1667）进士，试鸿博，授编修，纂《明史》，御试翰詹诸臣，帝拔第一，历讲法庶子至内阁学士兼礼部侍郎，总管诸书局。

陆陇其，康熙九年（1670）进士，历任知县、监察御史，主张德政与教化并举。

陆愈，成化十一年（1475）进士，曾任江都知县，筑邵伯堤，教民凿沟洫，兴水利灌农田，储银备荒，擢御史、四川巡按。

陆培，雍正二年（1724）进士，曾任知县，善填词，有《白蕉词》正续集。

陆有仁，乾隆三十四年（1769）进士，授刑部主事。嘉庆年间累官陕西巡抚，坚壁清野，卒于汉中。

陆尔熙，同治二年（1863）进士，官编修，陕正考官，三品衔司业，为文精密。

平湖陆氏子孙除在科举、仕宦方面取得巨大成功外，在诗词、绘画、医学、篆刻等专科方面也非常有建树，史料记载的陆氏族人不胜枚举。在诗词方面：陆符，进士出身，长于文，善作古文辞，文章气节，饶有特色；陆宇鼎，授监纪同知，升副按察使，诗如其人，沉痛悲楚；陆楣，工诗古文，有名著；陆繁弨，工骈文，有许俪语，海内无双；陆洽源，顺治拔贡，官知县，修书屋，筑真旷楼，读书养生。在绘画方面：陆鸣皋，善山水画，工书法，有《春及堂集》；陆琛，工书画，善山水、写意花卉；陆在无，曾任江苏布政司理问、常熟知县，工诗，尤长咏物，兼善画，所作山水人物，有出尘之俗；陆谷，善绘山水，遍游名山大川。在医学方面：陆俊，深通医理，喜作字画诗文，援笔立就；陆培赓，少孤贫，力学，工诗古文，勤研医籍，喜收丹方，子庭标，刻苦钻研蓄水症，颇有造诣。在篆刻方面：陆祥，工部善营所丞，累迁工部主事、侍郎，精刻镂。

陆尔奎（1862—1935），光绪十七年（1891）举人，任教于北洋学堂、南洋公学等。学识广博，贯通中西，入商务印书馆，历八年之辛劳，编成400余万言的《辞源》。

陆镜若（1880—1915），陆尔奎之子，早年留学日本，我国新剧（话剧）创始人，惜英年早逝，年仅三十岁。

陆小曼（1903—1956），精通英、法两国语言，被刘海粟誉为“一代才女，旷世美人”。民国15年与诗人徐志摩结婚，后徐因飞机失事亡，陆小曼写悼亡诗，字字血泪，读之心碎，一时轰动。新中国成立后，陆小曼任职上海市政府参事室、国画院、文史馆，有国画、散文、剧本传世。

（二）贵州勋烈支

据《西江陆氏族谱》载，陆九渊八世孙陆胜娶妻徐氏生陆佑彬、陆达夫，后继娶洪氏生陆公阅。明初洪武五年（1372），陆公阅为贵州思南府（今贵州凤冈）宣尉司田仁智麾下的一员干将。洪武七年（1374），当时田仁智所辖的龙泉偏刀水一带的覃韩二姓苗族，不服王化，对抗朝廷。朝廷就将镇压二苗之事交由思南府田仁智去完成，田仁智率兵进攻苗寨却无功而返。于是陆公阅奉命讨伐覃韩世居之地，覃韩二姓是一支“聚之为兵，散之为民”的地方武装，难敌陆公阅之兵，于是溃败，陆公阅率兵据之。由于陆公阅讨苗有功，深得思南宣尉司田仁智的赏识，便为陆公阅向朝廷请功。

朝廷授陆公阅为“勋烈将军”，率军驻守偏刀水，建立巡检土司，担任巡检司一职。陆氏之后，世袭巡检长官司一职。《贵州通史》载：“乃特授以勋烈将军，土巡检，节制偏刀水，镇守把军关，世袭其职。”就这样，陆九渊这一脉便在贵州凤冈扎根生息，此脉就以陆公阅“勋烈将军”之称而名为勋烈支。而后，江西陆氏开始入黔。陆公阅是入黔始祖，勋烈支就是从他开始，现今贵州凤冈县巡检村居民百分之九十五为陆姓。

陆公阅入驻凤冈后，成为首任巡检长官司，开始经营巡检。他生有六子，分别名为传宗、孝宗、敬宗、守宗、朝宗、恩宗，六子合为“传孝敬，守朝恩”，可见陆公阅深受陆九渊心学影响，要做一个以孝敬为道、忠于明王朝的圣人良臣。陆公阅担任巡检土司三十五年，他兴建土司衙门、布政道、施恩威，统治一方。永乐七年（1409），陆公阅病逝，同年传位于长子陆传宗；因陆传宗乏嗣，于是二弟陆孝宗承袭巡检长官司；孝宗传子陆机；陆机传位于陆玟；陆玟生子爵、俸，亦传陆爵；陆爵生子嗣昌、嗣盛、嗣奇、嗣儒，亦传陆嗣昌；陆嗣昌生子希皋；陆希皋生子陆炳；陆炳生位中；陆位中生独子陆阳春，陆阳春袭位时明朝已易清，陆氏土司于清顺治十五年（1658）归附清廷，

《清史稿》载：“传至陆阳春，清顺治十五年归附，仍任世袭。”陆阳春生子国珍，由于陆国珍乏嗣，承袭一事便乱了宗法，当时由清政府出面周旋，又由陆国珍嫡侄陆元弼承袭。陆氏承袭巡检土司一职共传十九世十八任，最后一任土司是陆恩惠。陆氏土司历经明清两代，从明洪武七年（1374）至清宣统三年（1911），共计五百三十七年，是凤冈土司持续时间最长的一家。

（三）江西贵溪西源支

陆循之（1174—1236），字仲理，号梅轩，陆九渊次子。十三岁时就读象山精舍，中举后官至信州弋阳县令。陆循之的后裔由于外出为官，而分散至各地，有的迁往上饶市波阳、弋阳，更有一支则迁至湖南岳阳。陆循之与慈湖先生杨简“悟本心”齐名，后为应天山“象山祠”第一代奉祀官，由礼部颁照。因喜爱游山玩水，比较看好西源山麓，可谓“四面青山村对凸笔架，半亩芳塘门立凹葫芦”的“风水宝地”，于是命儿子陆溥奉祖之命遂居焉，世代定居于贵溪西源，传承至今。

陆溥（1199—1261），字颢浦，号介庵。陆溥考中进士后也曾经担任弋阳县令，因爱其仙源山水秀异，不胜欢欣。卸任后致仕归乡，回到龙虎山西源定居，成为龙虎山陆氏后代的始祖。陆溥仙归后，安葬于龙虎山仙岩寺山上。西源陆家是义门世家，是典型的宗法大家族，仍然要求按照陆氏老祖宗的礼教传统教育儿孙，完全按照封建礼教的仁、义、礼、智、信等“五常”制度来整治家风。

陆氏家风对陆氏后世子孙影响极大，潜移默化地规范了后世子孙的做人准则。陆氏后裔深受陆九渊心学的影响，皆以此为荣世代传授，还塑像供奉，以励后人。各陆氏分支多次遣人到祖籍江西金溪寻根祭祖，并始终恪守陆氏家训，秉承诗书传家的家风。

参考文献

[1]陆九渊.陆九渊集[M].北京：中华书局，1980.

[2]程颢，程颐.二程集[M].北京：中华书局，1981.

[3]杨伯峻.孟子译注[M].北京：中华书局，1960.

[4]牟宗三.从陆象山到刘蕺山[M].上海：上海古籍出版社，1999.

[5]高全喜.理心之间 朱熹和陆九渊的理学[M].北京：生活·读书·新知三联书店，1992.

[6]李之鉴.陆九渊哲学思想研究[M].郑州：河南人民出版社，1985.

[7]陈钟凡.两宋思想述评[M].北京：东方出版社，1996.

[8]祁润兴.陆九渊评传[M].南京：南京大学出版社，1998.

[9]崔大华.南宋陆学[M].北京：中国社会科学出版社，1984.

[10]刘宗贤.陆王心学研究[M].济南：山东人民出版社，1997.

[11]吴长庚.朱陆学术考辨五种[M].南昌：江西高校出版社，2000.

[12]张锡勤，霍方雷.陆王心学初探[M].哈尔滨：黑龙江人民出版社，1982.

[13]杨国荣.心学之思：王阳明哲学的阐释[M].北京：生活·读书·新知三联书店，1997.

[14]陈来.有无之境　王阳明哲学的精神[M].北京：人民出版社，1991.

[15]郭齐家，顾春.陆九渊教育思想研究[M].南昌：江西教育出版社，1996.

[16]朱汉民.宋明理学通论[M].长沙：湖南教育出版社，2000.

[17]苏群辉.陆九渊故事[M].南昌：江西人民出版社，2015.

[18]张立文.走向心学之路：陆象山思想的足迹[M].北京：中华书局，1992.

[19]李承贵.陆九渊[M].西安：陕西师范大学出版社，2017.

[20]黄宗羲.宋元学案[M].北京：中华书局，1986.

[21]汪传发.陆九渊王阳明与中国文化[M].贵阳：贵州人民出版社，2001.

[22]余英时.朱熹的历史世界[M].北京：生活·读书·新知三联书店，2004.

[23]吴文丁.陆九渊全传[M].南昌：百花洲文艺出版社，1999.

[24]王心田.陆九渊知军著作研究[M].武汉：武汉大学出版社，1999.

[25]蔡方鹿.中华道统思想发展史[M].成都：四川人民出版社，2003.

[26]姜广辉.理学与中国文化[M].上海：上海人民出版社，2002.

[27]顾春.来源·争论·特性：陆九渊教育思想三论[M].北京：教育科学出版社，2003.

[28]王富河.和会朱陆：吴澄哲学思想研究[D].杭州：杭州师范大学，2010.

[29]周丹.《二程集》：识仁明道，自治治人[N].光明日报，2018—01—15.

[30]彭艳梅.陆九渊道德思想的研究[D].南京：东南大学，2006.

[31]李星系.陆九渊书信编年研究[D].济南：山东大学，2011.

[32]李宏玉.陆九渊对孟子思想的继承与发展[D].曲阜：曲阜师范大学，2012.

[33]王星.陆象山心学的儒释之辨[D].西安：西安理工大学，2006.

[34]姜广辉，禹菲.心学的理论逻辑及经学方法：以陆九渊、杨简、王阳明为例[J].哲学研究，2017（2）.

[35]刘霞.陆九渊心学理论与立志教育[J].当代教育与文化，2015（2）.

[36]刘宗贤.陆九渊心学源流辨析[J].孔子研究，2005（3）.

[37]周炽成.陆九渊之冤：陆学在宋代非心学[J].广东社会科学，2014（5）.

[38]蔡方鹿，叶俊.杨简对陆九渊心学的超越[J].哲学研究，2015（7）.

[39]陈寒鸣.从君子文化的视角论陆九渊心学的意义[J].齐鲁学刊，2019（6）.

[40]王信.论陆象山易学“易简”之道与心学建构[J].周易研究，2019（3）.

[41]俞跃.直觉与工夫：陆九渊哲学阐释[D].上海：华东师范大学，2018.

[42]田莉.陆九渊书院教育思想及实践研究[D].开封：河南大学，2012.